técnicas

aperfeiçoamento profissional

SOU cozinheiro

informações

tendências

Dados Internacionais de Catalogação na Publicação (CIP)
(Jeane Passos de Souza – CRB 8ª/6189)

SENAC. Departamento Nacional.
Sou cozinheiro: técnicas, tendências e informações para o aperfeiçoamento profissional / Departamento Nacional do Serviço Nacional de Aprendizagem Comercial – São Paulo : Editora Senac São Paulo, 2018.

Bibliografia.
ISBN 978-85-396-2485-0 (impresso/2018)
e-ISBN 978-85-396-2486-7 (ePub/2018)
e-ISBN 978-85-396-2307-5 (PDF/2018)

1. Hotelaria: Alimentos e bebidas 2. Gastronomia 3. Cozinheiro: Perfil profissional 4. Cozinheiro : Mercado de trabalho 5. Cardápio (receitas e preparo) I. Título.
18-799s CDD – 641.5
647.95
641.013
BISAC CKB023000
CKB101000

Índice para catálogo sistemático:
1. Gastronomia (receitas e preparo) 641.5
2. Alimentos e bebidas: Hotelaria 647.95
3. Cozinheiro: Perfil profissional 641.013

técnicas

aperfeiçoamento profissional

SOU cozinheiro

informações

tendências

Editora Senac São Paulo – São Paulo – 2018

Administração Regional do Senac no Estado de São Paulo

Presidente do Conselho Regional: Abram Szajman
Diretor do Departamento Regional: Luiz Francisco de A. Salgado
Superintendente Universitário e de Desenvolvimento: Luiz Carlos Dourado

Editora Senac São Paulo

Conselho Editorial: Luiz Francisco de A. Salgado
Luiz Carlos Dourado
Darcio Sayad Maia
Lucila Mara Sbrana Sciotti
Jeane Passos de Souza

Gerente/Publisher: Jeane Passos de Souza (jpassos@sp.senac.br)
Coordenação Editorial/Prospecção: Luís Américo Tousi Botelho (luis.tbotelho@sp.senac.br)
Márcia Cavalheiro R. de Almeida (mcavalhe@sp.senac.br)
Administrativo: João Almeida Santos (joao.santos@sp.senac.br)
Comercial: Marcos Telmo da Costa (mtcosta@sp.senac.br)

Edição de texto: Rose Zuanetti
Consultoria técnica: Culinarte – Harold Lethiais
Redação: Mariana Arcuri
Atualização: Gustavo Young
Acompanhamento pedagógico: Andréa Estrella e Danielle Lordello
Preparação: Selma Monteiro Correia
Projeto gráfico, capa e diagramação: Eliana Lattuca
Fotos: Cícero Rodrigues
Revisão: Editare – Sonia Cardoso e Eloiza Mendes Lopes
Produção gráfica: Adriane Abbade
Editoração Eletrônica: Sandra Regina dos Santos Santana
Impressão e Acabamento: Gráfica e Editora Serrano Ltda.

Rua 24 de Maio, 208 – 3º andar – Centro – CEP 01041-000
Caixa Postal 1120 – CEP 01032-970 – São Paulo – SP
Tel. (11) 2187-4450 – Fax (11) 2187-4486
E-mail: editora@sp.senac.br
Home page: http://www.editorasenacsp.com.br

Apresentação

Após o Brasil ter recebido eventos como a Copa do Mundo e as Olimpíadas e estar cada vez mais em evidência no roteiro da gastronomia mundial, junto de outros países da América Latina, como Peru e Chile, ainda se nota escassez de mão de obra qualificada no setor hoteleiro e de gastronomia em geral.

Em 2010, o Senac Nacional, em parceria com a Federação Nacional de Hotéis, Restaurantes, Bares e Similares (FNHRBS), realizou uma pesquisa sobre as demandas em educação profissional dos segmentos de alimentação e hotelaria, nas cidades de Brasília, Manaus, Porto Alegre, Recife e Rio de Janeiro, que deu origem ao Programa Nacional de Educação Profissional Senac na Copa. A publicação deste livro é um dos primeiros resultados desse programa.

Com consultoria técnica do chef de cozinha e professor Harold Lethiais e texto da jornalista Mariana Arcuri, *Sou cozinheiro* reúne as principais técnicas culinárias, tendências na área de gastronomia e informações importantes para o aperfeiçoamento e a atualização de cozinheiros e outros profissionais de cozinha. Uma visão contemporânea da prestação de serviços em gastronomia apresentada num texto claro e objetivo, com fotos exclusivas e depoimentos de experientes profissionais da área.

Com esta publicação, espera-se colaborar com profissionais e empresários do setor, oferecendo um recurso importante para o desenvolvimento desse importante segmento da economia e contribuindo para um melhor desempenho de nossos criativos cozinheiros.

Sumário

Introdução

Harold Lethiais

Em minhas viagens pelo Brasil, sempre recebi o mesmo pedido: reunir as bases, as técnicas e as referências de cozinha em um único lugar, em um único livro.

O convite para participar da edição de uma obra voltada para cozinheiros surgiu como a oportunidade de atender a essa solicitação. Minha intenção com este livro é justamente oferecer um apoio aos profissionais que já possuem experiência e buscam aperfeiçoamento e atualização de sua formação.

Tentei ser o mais objetivo possível a respeito da rotina diária de operação em restaurantes, sabendo das limitações da mão de obra, das dificuldades de formação profissional e da falta de informação técnica. Separei cada temática referente ao espaço físico, às matérias-primas e às técnicas de base, explicando cada uma delas. O fundamental é que essas explicações estejam ligadas à realidade atual do mercado de trabalho brasileiro.

Para que não esteja presente somente minha visão sobre o que é ser cozinheiro, foram ouvidos outros chefs sobre a realidade atual do mercado de trabalho brasileiro. Seus depoimentos e testemunhos estão apresentados ao longo do texto.

Antes de iniciar o conteúdo técnico, entretanto, é importante fazer uma reflexão geral sobre três conceitos fundamentais: gastronomia, nutrição e culinária. Cada um desses segmentos possui suas características próprias e campos de atuação bem definidos em relação à operação, ao planejamento e aos

"Quem vê a foto de um belo prato ao lado de um cozinheiro sorridente numa revista, talvez não imagine as dificuldades dessa profissão. O caminho de um cozinheiro iniciante até se tornar um chef experiente é árduo, de aprendizado incessante. Precisamos conhecer a mente humana e nos habituar à surpresa e, não raro, à decepção. Os gostos do cliente e da sociedade mudam, e precisamos acompanhar isso, criando a partir de poucos e inalteráveis princípios e técnicas fundamentais. Mas, depois que a gente começa, não quer sair."

Chef Paulo Sérgio Araújo,

restaurante Nori, Rio de Janeiro/RJ

objetivos finais de cada profissão. Contudo, infelizmente, ainda existem uma rivalidade e um protecionismo de classe que prejudicam o desenvolvimento da área como um todo e que não devem mais perdurar.

A nutrição é o estudo das relações entre os alimentos ingeridos e a saúde e o bem-estar do homem e dos animais. Por isso, a atuação dos profissionais da nutrição prioriza a equação: alimentação/saúde. Já a culinária é a arte de cozinhar, e cozinhar é transformar matérias-primas em alimentos prazerosos, tanto no paladar e na textura quanto no aspecto visual. A atuação dos profissionais de cozinha prioriza a equação: alimentação/prazer. O termo gastronomia, por sua vez, engloba as atividades de cozinhar, produzir e servir bebidas. Mas não somente isso. Diz respeito também a um serviço eficiente, à qualidade do atendimento ao cliente e a um ambiente em harmonia com a cultura e a culinária, definido por um planejamento temático em busca da excelência, aspectos que marcam a experiência gastronômica. Assim, a atuação dos profissionais da gastronomia prioriza a equação: alimentação, bebida, serviço, ambiente/harmonia.

Recentemente foi criada uma titulação para quem se forma em gastronomia: gastrólogo. Segundo a Classificação Brasileira de Ocupações (CBO), chef de cozinha, ou tecnólogo em gastronomia, ou gastrólogo são os profissionais que "criam e elaboram pratos e cardápios, atuando direta e indiretamente na preparação dos alimentos. Gerenciam a brigada de cozinha e planejam as rotinas de trabalho. Podem gerenciar, ainda, os estoques e atuar na capacitação de funcionários".

Cozinheiro é o profissional da cozinha que exerce seu ofício na área de produção de um restaurante, um hotel, um hospital, ou de produção de alimentação para a coletividade. A partir do século V a.C., os cozinheiros passaram a desempenhar um papel importante na sociedade. Durante a Idade Média, constituíram uma corporação com hierarquia própria. No topo da hierarquia estão os chamados chefs de cozinha, ou simplesmente chefs, que comandam o restante da equipe.

Chef (palavra francesa que significa "chefe" e provém do latim *caput*, "cabeça", "líder") é aquele que cria os pratos e comanda a cozinha, supervisionando as atividades dos demais cozinheiros em restaurantes, estabelecimentos de hospedagem, hospitais, residências e outros lugares voltados para a elaboração e/ou o consumo de refeições. O chef planeja os cardápios e comanda o pré-preparo, o preparo e a finalização dos pratos, sempre atento aos métodos de cocção e ao padrão de qualidade dos alimentos.

Hoje a gastronomia pede uma mão de obra mais preparada e orientada, que esteja à altura dos desafios encontrados no dia a dia do mercado de trabalho. Para que o profissional da área possa responder a esses desafios, é preciso que conheça profundamente as bases da culinária, sabendo trabalhar aspectos como textura, sabor e cocção dos alimentos.

1

Nutrição e alimentação

SABEMOS QUE A NUTRIÇÃO ESTABELECE uma relação direta entre alimentação e saúde. Mas é preciso acrescentar que esse é um processo involuntário e inconsciente que abrange a digestão, a absorção dos nutrientes e a excreção, por meio da alimentação. Independentemente de nossa intenção ou nosso desejo, as substâncias químicas presentes nos alimentos que desempenham funções vitais no metabolismo, os chamados nutrientes, são absorvidas pelo organismo, produzindo efeitos benéficos ou nocivos à saúde.

Já a alimentação é um processo voluntário e consciente pelo qual o ser humano obtém o produto final para o consumo. Assim, tem uma relação com o paladar, com a escolha e com o prazer.

A ilustração a seguir foi adotada pelo United States Department of Agriculture (USDA) em 2011 e apresenta os diferentes grupos de alimentos e as quantidades recomendadas para uma alimentação saudável na vida adulta. Ela substituiu a pirâmide que foi a recomendação da mesma instituição por 19 anos.

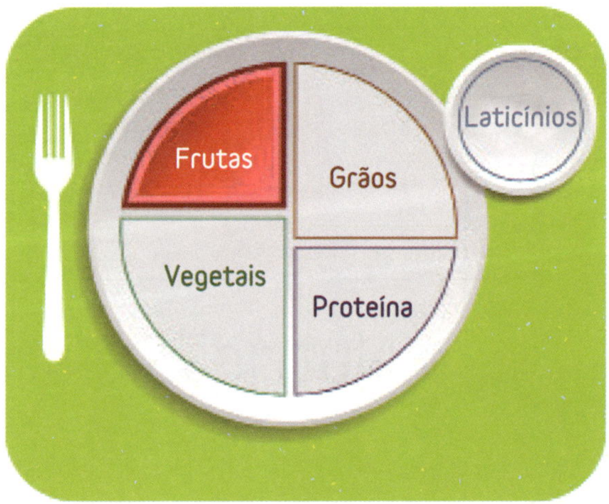

Fonte: Adaptado de USDA. Disponível em: <https://www.choosemyplate.gov/>. Acesso em: 21 ago. 2018.

Há vários modelos nutricionais em voga atualmente no mundo, da dieta "Paleo", baseada na alimentação dos nossos ancestrais, a dietas vegetarianas propostas pelo Ayurveda. Do ponto de vista nutricional e de saúde, podemos resumir que uma dieta variada (dentro dos diferentes grupos de alimentos) e natural (evitando-se os alimentos industrializados, que contenham conservantes, corantes, aromas, etc.) é um ponto comum entre todas as linhas de pensamento.

Grupos de alimento (tabela USDA)

Frutas: têm naturalmente baixos teores de gordura e de sódio. Elas são fonte de nutrientes essenciais, entre eles, o potássio, a vitamina C e o ácido fólico. Além disso, são ricas em fibras.

Vegetais: assim como as frutas, têm baixo teor de gordura. São uma importante fonte de potássio, fibras e vitaminas A e C.

Grãos: são fonte de fibras, vitamina B, ferro, magnésio, entre outros nutrientes.

Proteínas: grupo das carnes, são fonte de proteínas, vitaminas B e E, ferro, zinco e magnésio.

Leite e derivados: são fonte de cálcio, potássio, vitamina D e proteínas.

A alimentação normal deve ser quantitativamente suficiente, qualitativamente completa, além de harmoniosa em seus componentes e adequada à sua finalidade, assim como ao organismo a que se destina.

A prática de exercícios físicos é sempre recomendada como complemento de uma boa dieta, tendo como objetivos a perda adequada de peso ou sua manutenção e a prevenção de doenças, como diabetes, hipertensão e osteoporose.

As orientações contidas na pirâmide alimentar mostram, de forma clara e objetiva, como alcançar as necessidades calóricas e nutricionais da população a partir do consumo de alimentos de sua escolha.

Para atender a essas orientações básicas, muitos restaurantes, atualmente, mantêm um nutricionista em sua equipe de cozinha. É importante que chefs e cozinheiros mantenham uma relação harmoniosa com a equipe de nutrição, para que os princípios de uma alimentação saudável possam conviver com o prazer de uma refeição saborosa e criativa. Os clientes agradecem.

Gastronomia: um passeio pela história

2

"Tomara que a evolução mais significativa da cozinha seja a valorização da culinária brasileira, de seus pratos, seus ingredientes e suas técnicas tradicionais. Está na hora de deixarmos de olhar apenas para o que vem de fora e valorizarmos o que temos de bom."

Chef Renato Freire, *Confeitaria Colombo, Rio de Janeiro/RJ*

O USO DO FOGO É UM MARCO na história da alimentação. A possibilidade de se modificar os alimentos com o calor do fogo deu origem a uma operação essencial na cozinha, e a cocção passou a ser usada para se obter boas texturas, diferentes paladares e melhor digestão.

Do ponto de vista dos ingredientes, a marca mais importante na evolução alimentar é identificada pelo uso de condimentos e especiarias, que, mesmo em pequenas quantidades, mudam significativamente o gosto e a conservação dos alimentos. O grande destaque dessa conquista foi o sal, que representou um papel primordial na conservação dos alimentos.

Por fim, o uso de utensílios para cozimento, como pedras planas, couro e cerâmica, diversificou os métodos de cozinhar e limitou o risco de se queimar o alimento. A partir daí o homem começou a usar gorduras e a transformar cereais em farinha, ingrediente fundamental à preparação de pães.

Ao longo de sua trajetória, a humanidade buscou sempre novas formas de garantir segurança, conforto e prazer. A história da gastronomia é um grande testemunho dessa caminhada.

Antiguidade: frugalidade, moderação e variedade

O desenvolvimento da agricultura mudou os hábitos alimentares dos homens, como mostram algumas inscrições descobertas nos muros de templos e restos de oferendas, os quais permitiram aos estudiosos recuperar informações sobre a alimentação dos antigos egípcios. Nas pesquisas foram identificadas, por exemplo, quase duas dezenas de tipos de pão com formatos e ingredientes diversos. O regime alimentar egípcio era completado por peixes, carnes (carneiro, porco, aves e boi, nas ocasiões especiais), frutas (tâmaras, figos, romãs, melões e uvas) e legumes (alho, couve, pepino, favas, alface, lentilhas, cebola, alho-poró, ervilhas e rabanete). Além disso, o mel, retirado das colmeias, entrava na composição de sobremesas e remédios.

A alimentação era frugal e moderada. O lema parecia ser: comer para viver, e não viver para comer. A alimentação diária privilegiava legumes, cereais e queijo, e as carnes eram reservadas aos banquetes de sacrifício. Os alimentos eram recomendados pelos médicos como tratamento, e as ervas e o vinho entravam na composição de vários medicamentos, como xaropes e anestésicos.

Já o Império Romano, em seu apogeu, exibia a excelência de sua arte culinária. Mel, pinhões, legumes, azeite, queijo, vinho, frutas, carnes e especiarias, vindos das mais distantes províncias de todo o Império, contribuíam para variar ainda mais a oferta de pratos, ao lado do trigo, que sempre teve lugar destacado na mesa romana.

Idade Média: sabores intensos

Diferentemente da Antiguidade, cuja gastronomia reservava um lugar especial para frutas, legumes e ervas, a Idade Média foi marcada pelos grandes banquetes reais e aristocráticos. Estes eram compostos por fenomenais pratos de caça e aves assadas (como cisnes e pavões), montados com pelos e plumas dos animais e recheados com outras carnes. Nas receitas, poucos legumes e muitas especiarias, utilizadas como símbolo de distinção social ou para disfarçar o gosto de carnes já passadas. Desempenhando papel fundamental na gastronomia da Idade Média, as especiarias popularizaram-se após a descoberta do caminho para o Oriente pelo veneziano Marco Polo (1254-1324), no século XIII.

A cozinha medieval europeia caracterizava-se pelos sabores ácidos (vinagre, agraço, que é o sumo das uvas verdes, frutas cítricas) e agridoces (com o acréscimo de açúcar, mel, passas, ameixas secas e tâmaras), pelo aroma das especiarias (canela, gengibre, cravo, pimenta e noz-moscada) e pelo espessamento de molhos, geralmente acres e condimentados, com pão torrado e amêndoas moídas. E já no século IX os europeus haviam descoberto as massas.

As refeições mais pareciam um bufê, com vários pratos. Não havia a noção de cardápio único, em que todos comem a mesma coisa. Doces e salgados não eram separados durante a refeição, algo que só viria a ocorrer na época Moderna, com a presença do doce centrada no momento da sobremesa.

Com as Cruzadas, do século XI ao XIII, a Europa conheceu sua primeira revolução alimentar: a incorporação de frutas e legumes orientais, como a cebola, o damasco e a laranja, e de novos produtos, como o açúcar não refinado. Surgiram também, no século XIII, fornos e mesas especiais (aparadores) e diversificaram-se os utensílios de cozinha, com o aparecimento de frigideiras, panelinhas e grandes caçarolas. Nessa época nasceu um novo método de cocção, um ancestral da marinada: antes de ser assada, a carne era fervida em molho, o que representou um ganho técnico e higiênico. Com tal método, a carne tornava-se mais macia, compensava-se sua fraca maturação e evitava-se a proliferação bacteriana.

Renascença: novos ingredientes, novos hábitos

Na Renascença surgiu uma nova forma de cozinhar. Os livros dedicados ao tema da cozinha postulavam o abandono da utilização excessiva de especiarias e a busca pelo real sabor dos alimentos. A florentina Catarina de Médici (1519-1589) levou para a França, além do garfo, seu gosto por molhos e legumes e a paixão pelas alcachofras. A descoberta do Novo Mundo abasteceu as mesas europeias com novos ingredientes, entre eles, tomate, milho, chocolate, peru, batata, pimenta, feijões.

Criou-se uma nova ordem de serviço, que duraria do século XVI até meados do século XIX: frutas servidas na entrada, depois sopas e cremes, em seguida assados e carnes e, por fim, sobremesas.

Com a influência italiana consolidada graças à união do rei francês Henrique (1519-1559) com Catarina de Médici e de Henrique IV (1553-1610) com Maria de Médici (1575-1642), a confeitaria ganhou lugar de destaque na cozinha da época: geleias, marzipã, pães de mel e nugá (massa de consistência firme feita de amêndoas ou avelãs, adoçada com açúcar ou mel) invadiram as mesas. Também nessa época surgiram os primeiros caldos, na forma de sucos e sumos, as musses, que agradavam sobretudo às mulheres, os ensopados e os molhos mais sofisticados, engrossados à base de miolo de pão, farinha, gemas de ovos ou por meio da técnica de redução e do roux.

Séculos XVIII e XIX: a profissionalização

O século XVIII testemunhou o aparecimento das corporações de profissionais da área de gastronomia, como açougueiros, tripeiros e traiteurs, ligados à manipulação de carnes, vísceras e ensopados, respectivamente. Nessa época a gastronomia começou a ganhar um elevado status próprio e projeção social; não à toa nasceram, nesse momento, as bases da terminologia culinária. A busca pelo aprimoramento do ato de cozinhar refletiu-se no surgimento dos primeiros fogões domésticos a lenha e na predominância do conceito de alquimia dos alimentos: era preciso encontrar os elementos nutritivos vitais.

No século XIX esse aperfeiçoamento da gastronomia, de suas técnicas e de seu alcance se confirmou. A pasteurização, descoberta em 1795; o nascimento da indústria agrícola exclusivamente voltada para a alimentação; e o aparecimento dos fogões de ferro fundido à base de carvão mineral e dos primeiros fogões a gás (por volta de 1850), além do modelo pioneiro de geladeira, em 1857, foram marcos importantes dessa evolução.

A sofisticação da cozinha ganhou ainda mais fôlego com a descoberta de novos e promissores ingredientes, como o açúcar de beterraba, a margarina e inúmeras frutas exóticas, e a ampliação dos métodos de cocção: aprendeu-se a cozinhar em fogo brando e a fritar os alimentos.

"Ser cozinheiro é participar de um mercado que se modifica e cresce a cada dia não apenas com o surgimento de produtos, mas também com o desenvolvimento de novas tecnologias, o que nos obriga a sempre buscar aperfeiçoamento. Mas é bom lembrar: por mais que se tenha tecnologia, nada substitui a mão do cozinheiro."

Chef Daniel André Lopes, *instrutor de cozinha do Senac, Joinville/SC*

Século XX: a sistematização do conhecimento

Na virada do século XIX para o XX, houve substancial melhora da alimentação na Europa. Depois da popularização do consumo de açúcar, acompanhando o aumento das porções alimentares, a dieta cotidiana tornou-se mais nutritiva. A alimentação diversificou-se e passou a incluir mais proteínas; as técnicas de conservação foram aprimoradas, diminuindo consideravelmente as intoxicações alimentares.

Ao longo dos primeiros anos do século XX, o luxo e os gostos se aprimoraram, com os amantes da boa mesa procurando especialmente a harmonia dos sabores e o contraste das texturas. Os admiradores da gastronomia multiplicaram-se e seus desejos sofisticaram-se; eles queriam ser surpreendidos pelos chefs e pediam-lhes mais criatividade, respeito e originalidade no uso dos ingredientes.

Com base em tal demanda, os grandes cozinheiros da época, cada vez mais numerosos, passaram a escrever importantes livros de culinária (como o *Guia culinário*, de Auguste Escoffier [1846-1935], publicado em 1905), que visavam atender às pesquisas acerca dos sabores naturais dos alimentos. Com a publicação de receitas de renomados chefs em livros de cozinha bem explicados e ilustrados, as donas de casa puderam ter acesso a novos pratos e preparos dos ingredientes, podendo realizá-los em seus próprios lares.

O início do século XX foi um momento marcado pela inovação e pela ousadia. A atração exercida pela cultura de países considerados "exóticos" (Índia, Japão, Egito, a região da Escandinávia, p. ex.) acentuou o gosto por sabores antes desconhecidos, aumentando o consumo de frutas provenientes desses países.

O enriquecimento da área da gastronomia consolidou-se com a fixação da indústria hoteleira – e a consequente implementação de escolas de hotelaria/gastronomia, como as de Nice, Thonon e Toulouse, na França – e a criação de guias gastronômicos e de instituições de ensino de culinária.

Época contemporânea: o requinte para o paladar e os olhos

O fascínio pela pluralidade de sabores do mundo reforçou-se ao longo do século XX, e o novo século assistiu à inusitada fusão de cozinhas variadas, oriundas dos quatro cantos do planeta, que ganhou enorme espaço. Hoje, além do hábito de ir a restaurantes que oferecem especialidades estrangeiras, muitas vezes surpreendentes, tornou-se comum preparar pratos exóticos em casa.

A globalização do comércio de alimentos é responsável por tal situação, antes impensável. Desde o final do século XX, o fenômeno das cadeias de fast-food mostrou como estas souberam aproveitar ao máximo essa ampliação dos recursos gastronômicos para se difundir, em poucos anos, em todas as regiões do mundo. Ao mesmo tempo, cresceu a preocupação com o aspecto visual da montagem dos pratos, contribuindo para mudar o foco da alimentação.

A apresentação dos pratos passou, muitas vezes, a ser encarada como mais importante do que seu grau de refinamento, ou mesmo de complexidade. A gastronomia começou a ser considerada uma arte, com bases, técnicas e elementos próprios; os pratos tornaram-se pequenas joias, finamente decorados. Na esteira desse movimento surgiram os cardápios de degustação, com pequenas e delicadas porções.

"A expansão dos cursos de gastronomia forma, cada vez mais, profissionais lapidados, o que permitirá a evolução constante da área, seja num futuro próximo ou ao longo de muito tempo. Por isso, para mim, a evolução mais significativa é o crescimento de instituições de ensino preocupadas em transmitir conhecimento aos novos profissionais."

Chef Moisés Basso,

professor da UCS/Icif e da Ulbra, Torres/RS

"Depois de duas grandes revoluções no mundo da cozinha (a nouvelle cuisine, nos anos 1970, e a cozinha molecular, nos anos 1990), o próximo passo será voltar aos sabores caseiros, valorizando os produtores mais próximos e utilizando , cada vez mais, produtos regionais."

Chef Pedro Pecego, *restaurante Cordato, Rio de Janeiro/RJ*

Gastronomia no Brasil

A culinária brasileira consiste numa grande variedade de sabores e pratos repletos das mais diversas influências locais e estrangeiras. A qualidade do plantio, a dimensão continental do país e a mistura de povos ocorrida durante a colonização fazem do Brasil um dos países com maior variação no que se refere à gastronomia típica nacional.

Já em seus primórdios, com a chegada dos portugueses, a cultura alimentícia brasileira era plena de ingredientes diversos e profundamente idiossincráticos, estranhos ao paladar europeu, cultivados pela população indígena nativa e desconhecidos nos países do Velho Mundo. Havia frutas como o caju, o açaí, o guaraná, a pitanga, grãos como os feijões mais pretos e mais variados, pimentas fortes, a mandioca. Os portugueses, por sua vez, trouxeram nas caravelas uma gastronomia milenar, carregando o azeite, o vinho, o chá, a cebola, a uva e inúmeros tipos de animais de criação, como a vaca, o porco, o carneiro, a cabra, o pato e a galinha. Da mistura de sabores de uns e de outros surgiu uma nova experiência culinária, que só pode ser descrita como "brasileira".

No século XVII, com a criação dos engenhos de açúcar e o crescimento da produção de cana, começaram a ser manufaturados aqui os famosos doces portugueses, além de outros já criados na terra pátria, como o quindim, o beijinho e o bom-bocado, que até hoje fazem a festa de todos. Outra influência importante que veio se juntar à mesa brasileira nessa época foi a africana, por intermédio dos escravos trazidos para trabalhar nos engenhos. Entre a rotina da vida sofrida e os jogos de capoeira, trouxeram ingredientes como o azeite de dendê, o quiabo, o inhame, o jiló, a pimenta-malagueta e a galinha-d'angola, muitos dos quais são altamente populares na alimentação básica do brasileiro atual.

Com a descoberta das minas de ouro no século XVIII, houve a intensificação da exploração das regiões Centro-Oeste, Sudeste e Sul do país, promovida principalmente pela figura dos bandeirantes, processo que trouxe muitas vantagens para o plano gastronômico. Com base em conhecimento mais profundo de regiões ainda pouco exploradas do Brasil, foi possível incorporar à culinária seus ingredientes típicos, anteriormente desconhecidos, além de serem geradas trocas de mantimentos e receitas originadas com o movimento das bandeiras. Foi nesse momento histórico também (e a partir dessa partilha culinária) que se iniciou a consolidação de certos ingredientes na alimentação básica do brasileiro: a mandioca, o milho, o feijão-preto e a carne-seca, abundantemente presentes no território nacional.

A transferência da Corte portuguesa para o Brasil, em 1808, gerou um processo de requinte dos hábitos gastronômicos, à maneira dos franceses, bem como o refinamento da própria rotina à mesa. A culinária era valorizada quase como uma forma de expressão artística e, sem dúvida, como símbolo de riqueza e status social, parte integrante do luxo e dos "bons modos" da alta sociedade. Mais tarde, a culinária passou a carregar não somente esses valores, como também a marca da manifestação cultural e de elemento formador da identidade nacional.

Foi também com a vinda da Família Real para o Brasil que o movimento no porto do Rio se intensificou, com a importação de produtos e ingredientes que vieram enriquecer ainda mais

"Há algum tempo, não era necessária a formação acadêmica para ser cozinheiro, e a história da gastronomia no país deve muito a essas pessoas que amanheciam e anoiteciam no trabalho, fazendo funcionar os mais famosos restaurantes do Brasil. Hoje, porém, cada novo candidato a cozinheiro precisa se esforçar para se manter informado sobre novas técnicas e, a cada dia, se qualificar para um novo Brasil gastronômico."

Chef Duca Lapenda, *restaurantes Pomodoro Café e Tapioca, Recife/PE*

"Ser cozinheiro hoje no Brasil, país que se destaca por sua variedade de culturas, é conhecer boa parte dessa diversidade. É importante ter uma formação específica ou estar ligado à área há, no mínimo, seis anos, acumulando experiências. Além disso, o profissional deve estar atualizado com a gastronomia e aberto a mudanças."

Chef Moisés Basso, professor da UCS/Icif e da Ulbra, Torres/RS

a mesa brasileira, e houve a publicação dos primeiros livros de culinária escritos no Brasil.

Na segunda metade do século XIX e no início do XX, o grande crescimento da produção cafeeira para exportação, a partir do aumento das demandas europeia e norte-americana, e a abolição da escravatura geraram a necessidade de importação de uma mão de obra rural, o que ocasionou a chegada de muitos imigrantes, vindos dos mais diversos cantos do planeta. Os imigrantes trouxeram para a nova pátria suas respectivas culturas gastronômicas, com ingredientes e sabores que vieram se adicionar ao caldeirão de influências da nossa já consolidada culinária.

Finalmente, com o advento da urbanização no século XX, começaram a surgir os restaurantes e os botecos. Os restaurantes atendiam a um público consumidor de paladar cada vez mais exigente e apurado, enquanto os bares e botecos, com seus pratos feitos, supriam as necessidades das camadas mais pobres da população e dos trabalhadores, com rotina e horário fixos de almoço. A partir de então, desenvolveu-se um esquema profissional com cozinheiros, garçons, maîtres, sommeliers e críticos, dando origem a uma linhagem extremamente bem-sucedida de chefs brasileiros, os quais, com seus pratos autorais, recriam ingredientes e sabores, ampliando os horizontes da cultura culinária e da identidade nacionais.

A seguir estão listados ingredientes e pratos típicos nacionais, conforme as regiões do país.

Culinária regional

Região Norte

Em razão da riqueza da fauna e flora amazônicas, a culinária da região Norte é muito diversificada e conta com enorme leque de ingredientes. Existem milhares de plantas comestíveis, frutas e animais, que vêm gradativamente ganhando valor de mercado e a atenção de diversos chefs brasileiros e internacionais, sendo utilizados na criação de pratos inovadores. Trata-se de uma cultura gastronômica muito peculiar, por causa da presença indígena ainda hoje forte na região, que mantém suas tradições e passa de geração em geração as receitas típicas.

Um dos ingredientes mais conhecidos e utilizados na região é a mandioca, com a qual podem ser produzidos vários tipos de farinha. Um dos exemplos clássicos é a tapioca, muito usada para fazer beiju. Da mandioca, tudo se aproveita: com o tubérculo, faz-se o polvilho e, com a folha, a maniçoba, espécie de cozido local. É dela também que se extrai o caldo de tucupi, largamente utilizado no preparo de peixes, como molho.

O peixe é a proteína básica da dieta nortista, uma tradição vinda dos indígenas. Em virtude da imensa quantidade de rios na região amazônica, há um grande número de espécies de água doce, como o pirarucu, preparado tanto como recheio de torta quanto assado, misturado a outros ingredientes típicos – banana, farinha de mandioca e leite de coco – e temperado com muita pimenta. Há ainda o tucunaré, o tamuatá e o tambaqui; e, entre os crustáceos, o aviú e o pitu (muito encontrado em pratos com leite de castanha), espécies de camarão de água doce.

Outro atrativo da culinária local é a variedade de frutas da região, empregadas em doces, geleias, sorvetes e bombons, além de consumidas ao natural. É muito comum utilizar banana para fazer mingau, e há até sanduíche de tucumã, uma fruta típica, com queijo de coalho. É preciso lembrar ainda o guaraná, que ganhou destaque nacional ao virar refrigerante, e o açaí. Esse alimento energético é encontrado atualmente em lojas de sucos, às vezes servido com granola; na região Norte, frequentemente é apresentado como acompanhamento de pratos salgados.

Região Nordeste

Dependendo da área visitada no Nordeste, podem ser encontradas diferenças relevantes nos pratos típicos e no uso de ingredientes locais. Apesar de existir uma intensa troca de receitas e sabores, a cultura culinária do sertão é bastante diferente daquela do litoral. Alguns elementos, porém, não podem faltar na mesa nordestina. É o caso da manteiga de garrafa, hoje ingrediente indispensável, extraída da nata do leite e levada do interior ao litoral.

Um dos componentes que saiu do sertão para conquistar fama nacional é o queijo de coalho, assado na brasa, na hora, em qualquer praia e em restaurantes. No Nordeste é utilizado até na sobremesa, acompanhado de melaço (que origina a rapadura, ingerida pura, em doces ou utilizada para adoçar o café).

Há também o caminho inverso: o cuscuz. Mais conhecido por encerrar a refeição no restante do Brasil, no sertão nordestino é consumido no café da manhã, com leite e abóbora.

A abóbora (conhecida no sertão como jerimum) é largamente empregada: cozida e amassada com sal, quando é chamada de quibebe; misturada com açúcar e coco ralado, para fazer doces; ou servida com carne-seca, no famoso prato jabá com jerimum.

As proteínas soberanas do sertão são a carne de sol e a carne-seca, ou jabá, encontradas com farinha ou feijão-de-corda (feijão-fradinho) e no baião de dois, prato típico que mistura arroz, feijão, coentro e queijo de coalho. A galinha ao molho pardo e a buchada de bode também são apreciadas.

No litoral nordestino, o destaque são os pescados. O camarão pode ser consumido frito ou como ingrediente principal do bobó e do vatapá, que levam ainda outros elementos típicos, como o leite de coco, o azeite de dendê, a pimenta, a mandioca e a castanha de caju. Também há o caranguejo (ensopado, na Paraíba), o siri (do qual provém um petisco típico, a casquinha de siri, normalmente acompanhada da também típica farofa de azeite de dendê ou "de macumba"), a lagosta (usualmente preparada com muito leite de coco) e uma enorme variedade de peixes, consumidos das mais diversas maneiras, geralmente acompanhados de pirão e farofa.

Entre os peixes, é preciso mencionar o bijupirá, servido habitualmente com castanha, abacaxi, manga, coco e mel; o robalo e o pargo, protagonistas da peixada cearense, sendo o último preparado também somente no sal grosso e o primeiro um dos escolhidos (ao lado do badejo e do cação) para integrar a moqueca baiana, com pimenta, azeite de dendê e leite de coco.

Outros ingredientes típicos do litoral incluem o feijão, na forma de caldinho ou como elemento principal do acarajé, e frutas diversas, como o bacuri, utilizado para fazer compota, o buriti, empregado em doces, o cupuaçu e o coco, este último usado em pratos salgados e doces, no caso da cocada.

Região Centro-Oeste

Existe uma divisão bem delimitada na gastronomia do Centro-Oeste entre a cozinha pantaneira (de Mato Grosso e Mato Grosso do Sul) e a do cerrado (correspondente ao estado de Goiás). Assim como as paisagens e os caminhos são profundamente distintos entre essas sub-regiões, também o são os ingredientes disponíveis e os pratos criados a partir destes. Há os sabores do pantanal e os sabores do cerrado. Como foi, e ainda é, uma região muito visada por imigrantes, sobretudo quando da construção da capital, Brasília, sua cultura culinária é o resultado da fusão de diversas influências.

Na região do Pantanal, o número abundante de espécies de peixe faz com que este seja um elemento básico da dieta da população local. O piraputanga frito, o matrinxã recheado com farofa, a costela de pacu frita, o pintado preparado de várias formas e, até mesmo, a piranha são alguns dos pratos locais mais apreciados. No entanto, a proximidade com as terras do Sul e a influência gaúcha geraram um crescimento na criação pecuária ao longo da história, e o hábito de comer carne também está muito presente na região pantaneira. Assim, também são muito comuns o arroz de carreteiro (com charque, uma carne-seca típica do Sul), para acompanhar o churrasco, que é servido ainda com outros sabores típicos como a mandioca cozida e a farofa de banana (a banana, aliás, aparece também com muita frequência como acompanhamento de pratos salgados e na forma de petisco, quando, ainda verde, é cortada em rodelas e frita); e o guisado pantaneiro, com carne-seca desfiada e mandioca batida.

No Mato Grosso do Sul, as influências paraguaia e boliviana também estão muito presentes, por este ser um estado fronteiriço.

Desta maneira, não faltam a chipa (espécie de pão de queijo) e a sopa paraguaia (na verdade, uma torta salgada de milho, fubá, cebola e queijo), de um lado, e as saltenhas (tipo de empanada de carne), do outro. Para fechar a refeição, o furrundu está sempre presente, um doce feito de mamão verde ralado, rapadura, gengibre, cravo e canela. A banana, já mencionada antes nos pratos salgados, também aparece muito na hora da sobremesa. Para acompanhar, um bom tereré (chimarrão servido com água gelada).

No que se refere aos representantes culinários do cerrado, são amplamente apreciados o empadão goiano e as receitas feitas com pequi (fruta típica do local), como o arroz, a galinhada e o licor. Já Brasília, mais especificamente, mistura inúmeras gastronomias, efeito da mão de obra diversificada empregada na construção da cidade, mão de obra essa vinda de vários cantos do país. Assim, podemos encontrar desde as compotas de goiaba e figo, o leitão à pururuca e o tutu mineiros até a buchada de bode e o caldo de mocotó nordestinos.

Região Sudeste

Sem dúvida, é a região mais diversificada do ponto de vista da gastronomia do país, uma vez que os ciclos de ouro e café a fizeram a mais rica e, ao mesmo tempo, a mais cheia de contrastes. Ela atraiu pessoas de todas as partes do país, bem como imigrantes que, primeiramente, vieram trabalhar nas lavouras de café e que, com o passar do tempo, se estabeleceram para sempre aqui.

As raízes bandeirantes paulistas preservaram pratos como o ensopado de galinha caipira, o feijão-tropeiro (com farinha de mandioca, feijão-preto, linguiça, ovos cozidos e toucinho), o virado à paulista (que deu origem ao tutu à mineira) e o cuscuz paulista (tipo de bolo salgado). Todavia, a chegada de imigrantes (em sua maioria de origem italiana, árabe ou japonesa) às lavouras de café, a partir do final do século XIX, trouxe novas influências e novos pratos que vieram se somar à cultura culinária já existente. Assim, os italianos forneceram as pizzas e as massas, enquanto os árabes contribuíram com o quibe, a esfiha, os charutinhos de folha de uva e os doces, e os japoneses acrescentaram o sushi, o sashimi e o yakisoba.

No Rio de Janeiro, a vinda da Família Real em 1808 e sua estada prolongada tiveram papel decisivo nos rumos da culinária carioca. Não é à toa que se encontram tantos pratos típicos de origem portuguesa, como as diversas formas de preparo do bacalhau (passando pelo saboroso bolinho), o caldo verde, as iscas de fígado e os doces à base de ovos. Existem ainda outros pratos de destaque, como o cozido à carioca, o picadinho de carne e o histórico filé à Osvaldo Aranha, criado pelo próprio, um político e diplomata gaúcho que viveu de 1894 a 1960. E, obviamente, é impossível esquecer a famosa feijoada, contribuição da população africana trazida para cá escravizada, que, com os restos de feijão e as partes pouco nobres do porco que lhe eram destinadas, criou a delícia de causar inveja a qualquer senhor de engenho.

Pensar numa mesa mineira é pensar numa mesa farta. Bambá de couve, frango com quiabo, vaca atolada, jiló refogado, as opções são inúmeras. O porco, em especial, figura em diversas receitas: a canjiquinha com costelinha, o arroz com suã, o leitão à pururuca, o tutu à mineira. Isso sem falar nas muitas escolhas possíveis de sobremesa: o clássico romeu e julieta (goiabada com queijo de minas), a ambrosia e compotas das mais variadas frutas, não podendo ser esquecidos também o biscoito de polvilho, o bolo de fubá, os bolinhos de chuva e a canjica. Na hora do lanche, broa de milho, pão de queijo e pamonha (salgada ou doce). Para acompanhar tudo isso, não pode faltar uma boa cachaça, de altíssima qualidade em Minas Gerais, muitas vezes produzida artesanalmente. Esta pode ainda ser utilizada no preparo do quentão, em dias mais frios.

No Espírito Santo, o prato símbolo é a moqueca capixaba, sem azeite de dendê, nem leite de coco, substituídos pela coloração do urucum e o "azeite doce" (óleo de oliva). Outro ícone é a torta capixaba, com peixe e frutos do mar, bem como a garoupa com banana-da-terra, feita em panela de barro até os dias atuais. Na região serrana do estado, estabeleceram-se muitos imigrantes italianos e alemães e, com eles, a sua culinária. O tortei de abóbora, o agnolini (sopa de capeletti) e a pavesa (sopa com caldo de carne, torrada e gema de ovo crua) foram alguns dos pratos que os italianos trouxeram. Já os alemães levam o crédito pelo guisado de pato caipira, o joelho de porco (Eisbein), o pão de milho (Michjabroud), o rocambole alemão e o clássico strudel. Outras receitas características dessa região são o vinho de jabuticaba e a machacota (tipo de doce puxa-puxa feito com farinha de mandioca, rapadura e gengibre).

Região Sul

O Sul é o mais influenciado pela gastronomia dos imigrantes que vieram cultivar café e aqui permaneceram. Isso porque a imigração, especialmente a italiana e a alemã, foi mais intensa e mais abundante nessa região, um espelho abrasileirado do Velho Mundo, com seus costumes, tipos físicos e pratos típicos, ainda que adaptados para se adequarem à nossa realidade tropical.

No Paraná, ainda é possível observar a influência dos bandeirantes no consumo do feijão-tropeiro e da quirera (cozido com costela de porco, linguiça e quirera de milho). Como excepcionais apreciadores da carne que são, existem também diversos pratos típicos em que a proteína farta é o ingrediente principal, o protagonista. É o caso do leitão desossado e recheado, do porco no rolete, do carneiro ao molho de vinho e do tradicional barreado.

As outras receitas-símbolo e sabores típicos do Paraná são de origem estrangeira. Dos alemães, vêm os salsichões, as linguiças de porco, as carnes defumadas, o chucrute e os picles, além do strudel e do Stolen (bolo de farinha de trigo semelhante ao panetone). Já os poloneses trouxeram consigo o pierogi (pastel cozido, recheado de batatas cozidas e requeijão), e os ucranianos, o borscht (sopa de beterraba, feita com creme de leite fresco). É curioso notar também a presença do pinhão (fruto do pinheiro, árvore símbolo do Paraná) em receitas salgadas, como o entrevero de pinhão (cozido de carnes, linguiça, quiabo e pinhão, regado a vinho).

Em Santa Catarina, também se pode notar a forte presença germânica em pratos como o Kassler (chuleta de porco), a carne de ovelha seca ao sol e o marreco assado recheado com repolho roxo, purê de batata e chucrute. Além, é claro, da imensa variedade de marcas de cerveja, o que rendeu até mesmo alguns festivais na região para os apreciadores da bebida. Na capital Florianópolis, no entanto, as influências são outras. Tendo recebido grande número de imigrantes açorianos, a especialidade ali são os pescados, sendo a produção de ostras e mexilhões reconhecida internacionalmente, com padrão de qualidade altíssimo. Destaque também para o camarão, preparado de diversas maneiras (vários restaurantes servem, inclusive, uma "sequência de camarão", em que cada prato consiste num tipo de preparo distinto do crustáceo), e para a tainha, recheada com farofa feita da própria ova do peixe. Para acompanhar, o pirão é muito popular, seja de caldo de peixe, seja d'água.

Quando se diz "gaúcho", logo se pensa em churrasco. Sendo o Rio Grande do Sul um estado fronteiriço, os gaúchos partilham alguns hábitos e costumes com aqueles encontrados nos pampas uruguaios e argentinos. Um dos aspectos que têm em comum é a paixão genuína pela carne. Especialistas em criação de gado, a invenção do churrasco só poderia mesmo ter sido de autoria gaúcha. Seguindo a tradição, o verdadeiro churrasco é feito no espeto, assado por horas, só com sal grosso, privilegiando-se a costela bovina (chuleta), a paleta e o matambre, com recheio de legumes, linguiça e ovos. Os acompanhamentos mais comuns são a farinha de mandioca cozida, o arroz de carreteiro, o feijão campeiro e o vinagrete, culminando a festa no tradicional chimarrão. Já na região da Serra Gaúcha, temos uma forte influência italiana, com pratos como o galeto na brasa servido com radicchio e bacon, a sopa de agnolini e a polenta frita. Foram os italianos ainda que deram início à produção de vinhos da região, atualmente muito conceituada. A tradição alemã também deixa sua marca, com os aclamados cafés coloniais, de grande fartura.

Culinária profissional

3

"Ser cozinheiro é ser um apaixonado pelo seu ofício. Sem esse entusiasmo, com certeza, não é possível viver muito tempo no mundo das panelas. Não adianta fazer apenas faculdade, especialização em escolas famosas; a profissão não é ser artista, é barriga no fogão, mão no freezer e horas de dedicação. É obrigatório ter responsabilidade, ainda mais com a profissão em evidência como hoje. Sem nunca esquecer que é fundamental ter pratos com aroma, sabor, textura, cores e apresentação."

Chef Marcia Pinchemel,
restaurante Le Bistrô, Pirenópolis/GO

SEGUNDO A ASSOCIAÇÃO BRASILEIRA de Bares e Restaurantes (Abrasel), atualmente existem um milhão de restaurantes e bares no Brasil que geram 6 milhões de empregos diretos. Essa quantidade aumentou consideravelmente nesses últimos anos em razão de alguns fatores, como o aumento do poder aquisitivo da população e do número de idosos que costuma se alimentar fora de seus lares, ainda mais nas grandes cidades.

No geral, a diversidade de estabelecimentos voltados para o fornecimento de alimentação pronta é representada pelos tipos a seguir.

Tipos de estabelecimentos

Boteco (botequim)

Nele se servem café e bebidas, alcoólicas ou não, acompanhadas de petiscos, pratos populares ou tradicionais. Hoje muitos bares modernos adotam a estética simples e despojada dos tradicionais botequins para atrair uma clientela jovem e descontraída, sem, entretanto, abrir mão do conforto. Mesmo com viés de sofisticação, o serviço é informal, e o cardápio, inspirado nos antigos botecos.

Lanchonete

Estabelecimento especializado em pequenas refeições rápidas, lanches, sanduíches e sucos, que funciona em diversos horários, quase sempre onde há concentração de estudantes ou de trabalhadores. Muitas vezes as lanchonetes são instaladas, em regime de concessão, em instituições públicas, escolas e universidades, clínicas e hospitais.

Restaurante a quilo ou bufê

Um restaurante a quilo (ou por quilo) serve pratos variados no estilo self-service e cobra as refeições de acordo com o peso dos alimentos servidos no prato. Já o restaurante tipo bufê livre permite ao cliente servir-se de toda a variedade de pratos disponíveis no estilo self-service, mas por um preço fixo.

Típico

Prepara seus pratos seguindo um tema culinário específico. Pode utilizar o sistema de serviço à la carte ou bufê. A especialidade pode ser a comida de uma determinada região ou de algum país. Outras possibilidades são as culinárias marcadas por ingredientes especiais, como os vegetarianos, ou técnicas de preparo, como a comida caseira, o fogão a lenha, o forno de barro, etc.

Galeteria e churrascaria

Distinguem-se pelo uso das churrasqueiras no preparo das carnes. Uma das tradições desses estabelecimentos é o serviço sob a forma de rodízio.

Restaurante à la carte, ou gastronômico

Serviço que dispõe de um cardápio variado para escolha do cliente, desde a entrada até a sobremesa. Em geral, os pratos são preparados somente após a escolha.

Bistrô

Local de culinária rápida, mas delicada, característica de restaurante ou bar pequeno e simples, porém muito aconchegante. Nele se servem café, bebidas, alcoólicas ou não, e comidas de preparo simples a preços mais acessíveis.

Fast-food

Tipo de estabelecimento em que as refeições são preparadas e servidas em um curto intervalo de tempo, com atendimento imediato e sem serviço.

Pizzaria

Casas especializadas que oferecem, em geral, uma grande opção de recheios e coberturas para as pizzas, que, inclusive, podem ser servidas no sistema de rodízio. Muitos desses restaurantes também servem massas.

Restaurante de coletividade

Conhecido como bandejão, utiliza o sistema de bufê com "rampa de distribuição", na qual os alimentos são servidos por funcionários em bandejas com divisórias. É muito frequente em universidades, hospitais e em empresas de médio e grande porte.

Catering ou alimentação transportada

Oferta de alimentos preparados em um local diferente de onde serão servidos. Após o preparo, as refeições são acondicionadas em embalagens próprias para transporte. Serviço muito comum em aviões, em produções que envolvem muitos profissionais, eventos e feiras.

Equipamentos

Hoje em dia, existem no mercado inúmeros equipamentos de cozinha que utilizam tecnologia avançada, aliando produtividade e qualidade. A escolha desses produtos deve atender às necessidades do local, de forma a facilitar os processos de produção, e levar em conta o tipo de culinária e o número de pessoas atendidas no restaurante. Toda cozinha tem uma solução ideal para que todos sejam beneficiados: funcionários, clientes, proprietários e fornecedores.

[illegible] da cozinha, alguns equipamentos são imprescindíveis, não só pela sua funcionalidade, mas também para atender melhor às normas estabelecidas por lei. Por exemplo, o sistema de exaustão é indispensável em uma cozinha comercial, para remover vapores e fumaças saturadas nocivas ao ambiente de produção.

Há atualmente grande interesse na qualidade das matérias-primas dos processos de produção e também quanto ao bem-estar e à saúde dos operadores. Maquinários como o processador de alimentos contribuem para diminuir o tempo de produção, melhorar os padrões de qualidade e diminuir a incidência de LER (lesão por esforço repetitivo) entre os funcionários.

Em relação à segurança do usuário, os equipamentos que podem gerar algum tipo de lesão seguem as normas da NR12, que exige dispositivos de segurança, como botões de emergência e proteções fisicas.

Os equipamentos que vão compor o enxoval de cada operação dependem diretamente do tipo de cozinha que será executada, do porte do estabelecimento (número de refeições por dia) e do espaço físico disponível. A maioria dos fornecedores de cozinhas profissionais do mercado tem um setor específico de projetos que podem auxiliar na melhor escolha dos equipamentos com base nos pontos elencados. Por exemplo, para grelhar carnes, pode-se optar por uma chapa, broiler ou churrasqueira, dependendo do resultado que se deseja.

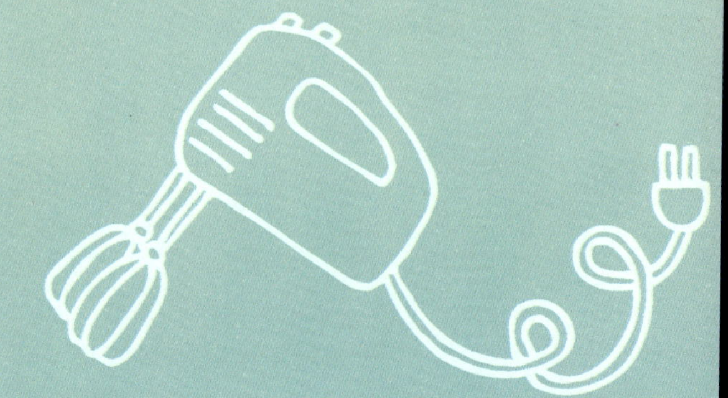

Outro ponto fundamental a se considerar é a quantidade de cozinheiros que vão operar a cozinha. Quanto mais complexos a operação e o menu, mais cozinheiros são necessários, há mais ingredientes para comprar e armazenar. E mais equipamentos em que investir. O sucesso de um restaurante se baseia justamente no equilíbrio de todos esses fatores.

Veja, agora, alguns equipamentos básicos, agrupados pelo tipo de utilização.

Cocção

Fogão

Fritadeira, para cocção por imersão em gordura a 180 °C.

Banho-maria, para manter os alimentos aquecidos acima de 65 °C.

Forno, utilizado para fazer assados (cocção por convecção).

Micro-ondas

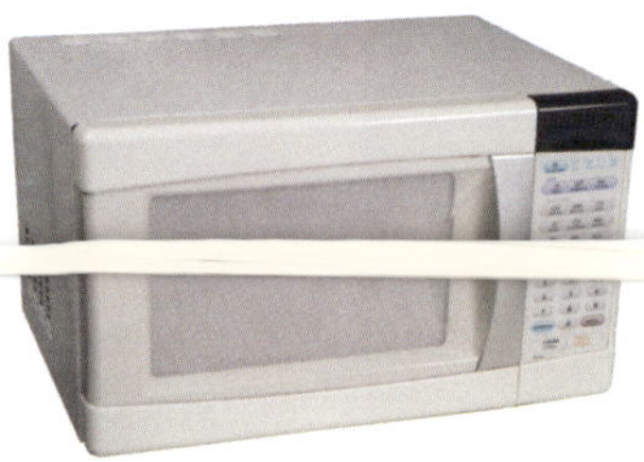

Existe também a caldeira usad[illegible] em produções de grande porte. Por ela circula vapor para aquecer os alimentos de maneira mais rápida, homogênea e constante.

Refrigeração e conservação

Geladeira - a temperatura interna varia de 2 °C a 10 °C.

Freezer - a temperatura interna varia de -5 °C a -18 °C.

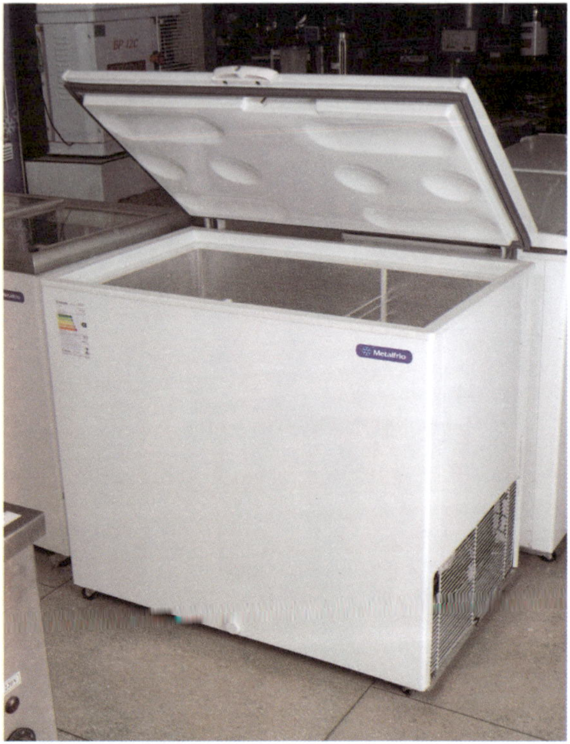

Para conservar os alimentos, existem ainda a câmara frigorífica, que reúne os dois compartimentos: para refrigerar (2 °C a 10 °C) e para congelar (–5 °C a –18 °C).

Apoio

- Estantes com prateleira, para guardar matérias-primas e utensílios.

- Bancada com pia

- Multiprocessador de alimentos com potência e capacidade industriais.

- Liquidificador industrial

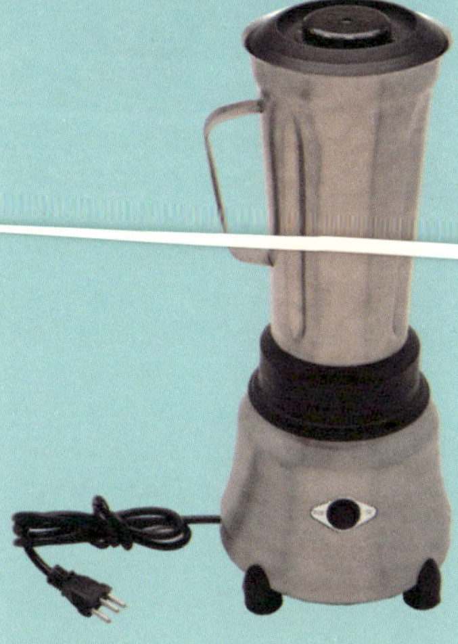

- Máquina de cortar frios

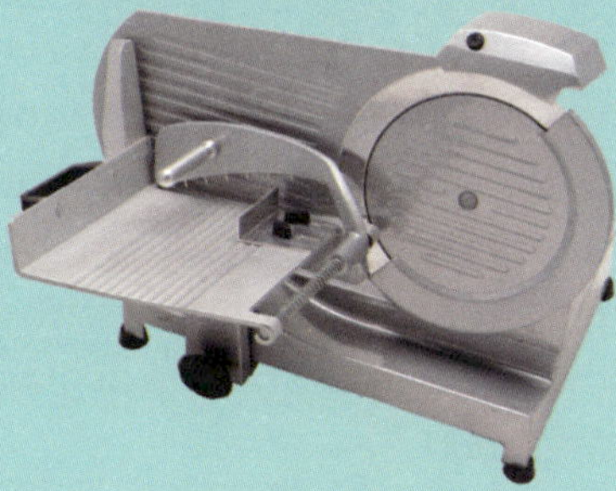

Espremedor

Batedeira

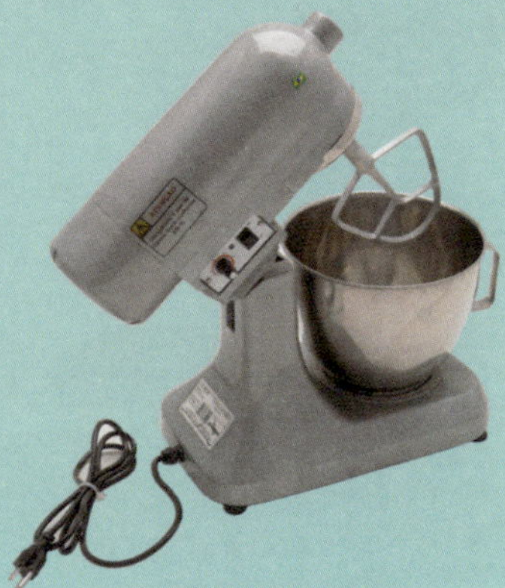

Coifa, para absorver gordura, vapor e fumaça.

Extintor de incêndio

Lixeira

Alguns estabelecimentos usam máquina de lavar louças para higienizar os utensílios de serviço. No que se refere aos cuidados com o lixo, um equipamento que pode ajudar é o triturador. Acoplado ao sifão da pia, ele mói os resíduos de alimentos, diminuindo o volume de lixo orgânico.

Utensílios

Os utensílios apresentados a seguir estão agrupados conforme o processo em que são utilizados.

Cocção

Panelas, próprias para cozer, fritar, frigir, ferver, saltear e aquecer os alimentos.

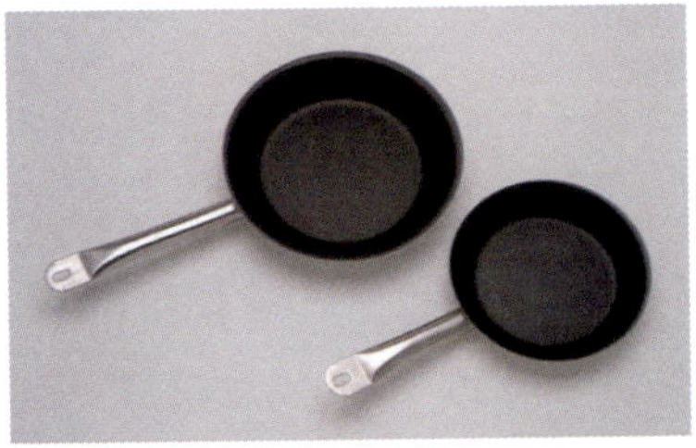

Grelha e chapa

Assadeiras – para assar, brasear ou realizar outra preparação em fornos.

Canudo de armazenamento quente, usado em banho--maria.

Refrigeração e conservação

Potes plásticos – os quadrados e retangulares facilitam a arrumação.

Monoblocos – as caixas vazadas servem para acondicionar matéria-prima in natura e as inteiriças, as pré-porcionadas.

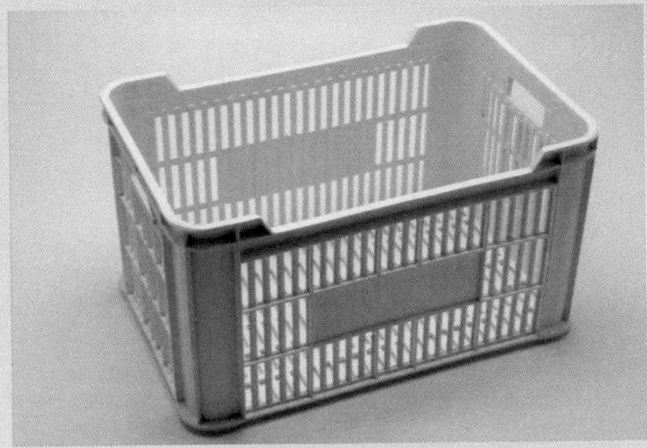

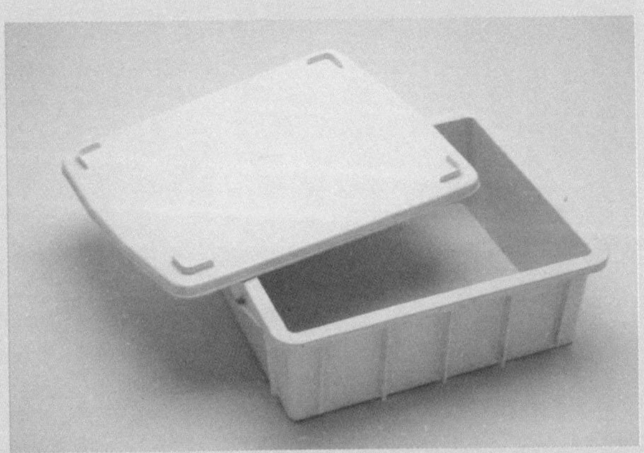

Potes descartáveis, para armazenar excedentes de produção ou o pré-preparo de pequenos volumes de *mise-en-place*.

Apoio

- Corte: facas, carretilha, tesoura, cutelo, chaira (para afiar)

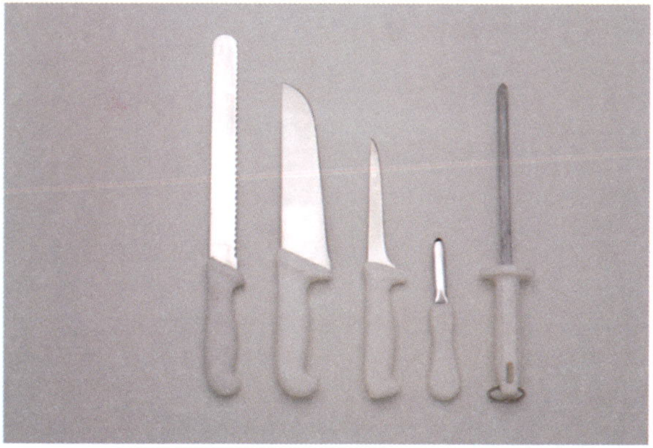

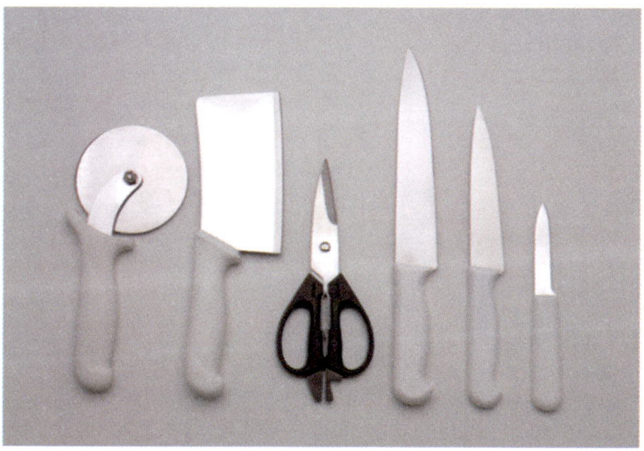

- Pão-duro, colheres e garfos de cozinha, escumadeiras, conchas

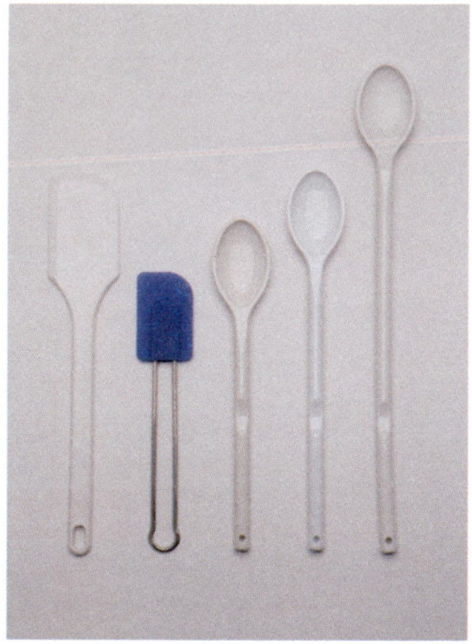

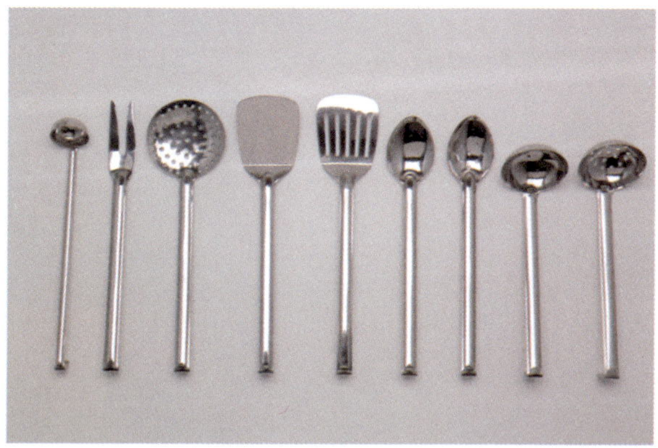

Fouet, para bater cremes, claras em neve, molhos, etc.

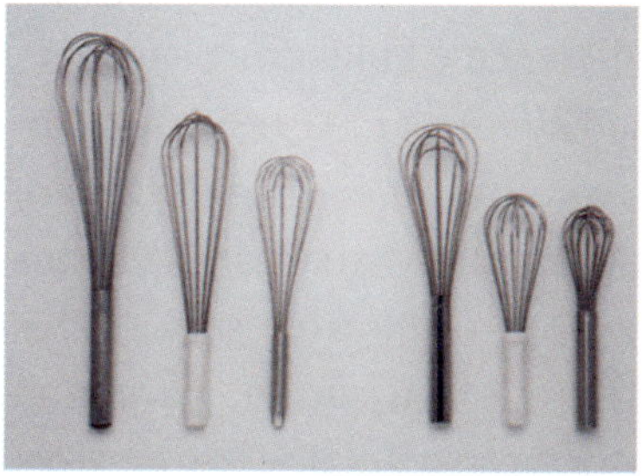

Bowls – o formato abaulado evita acúmulo da mistura nos cantos

Funil, escorredor, chinois (para coar líquidos)

Colher de sorvete, espremedor, ralador, pegador

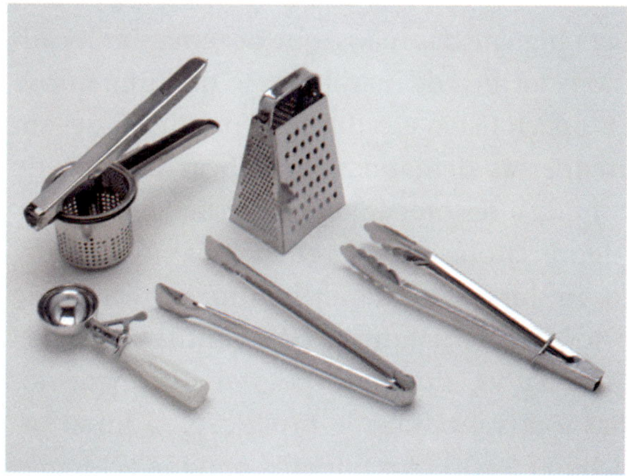

Os proprietários de restaurantes, bares e similares devem seguir as normas da Agência Nacional de Vigilância Sanitária (Anvisa), que, por meio da Resolução de Diretoria Colegiada – RDC 216/04, estabeleceu critérios para garantir as condições higiênico-sanitárias no preparo e na venda de alimentos para o consumidor. Os procedimentos englobam diversas regras, inclusive em relação a como devem ser as edificações, as instalações, os equipamentos e os móveis. Um dos critérios é que os sanitários e vestiários fiquem sem comunicação com as áreas de manipulação de alimentos. Outro critério diz respeito aos lavatórios exclusivos para higiene das mãos, que devem estar localizados na área de manipulação dos alimentos. O espaço físico e o fluxo de produção devem atender às demandas específicas do tipo de comida a ser preparada pelo estabelecimento. Alguns fatores devem ser levados em consideração durante o planejamento: colocação de pisos antiderrapantes, boa ventilação e boa iluminação, fluxo de pessoal, de mercadorias e dos resíduos de produção. O fluxo ordenado e sem cruzamentos previne acidentes e otimiza o tempo das rotinas operacionais. No entanto, as limitações físicas do espaço ou mesmo financeiras podem exigir adaptações. É importante sempre ter o aval de um nutricionista experiente para não deixar de seguir as normas da Anvisa.

Higienização do ambiente e cuidados pessoais

Um fator imprescindível para o bom funcionamento de um restaurante é a higienização, tanto do local de trabalho – abarcando todos os setores da cozinha – quanto os cuidados pessoais com a higiene e a saúde, para não haver risco de contaminação dos alimentos, garantindo, assim, o cumprimento das normas da Vigilância Sanitária e a satisfação do cliente.

A Anvisa, que faz o controle sanitário da produção e da comercialização de produtos em todo o país, em parceria com estados e municípios, tornou obrigatório o direito de visitação da cozinha em qualquer estabelecimento. Dessa maneira, para não haver acidentes e garantir a saúde de todos, é importante observar algumas regras quanto à manutenção da higiene do local de trabalho e aos cuidados com a higiene pessoal.

MEDIDAS DE HIGIENIZAÇÃO DO LOCAL DE TRABALHO

Em primeiro lugar, certas medidas devem ser observadas em relação ao ambiente em si. O chão da cozinha deve ser antiderrapante, impermeável, lavável, claro e higienizado diariamente, ao final do expediente. A higienização é o processo que inclui limpeza (redução da sujeira da superfície, preparando-a para a sanitização ou a desinfecção) e sanitização (processo de redução dos microrganismos causadores de doença, seja por meio químico – utilizando álcool 70% ou produtos clorados – ou físico, com o uso de calor). Não pode haver rachaduras ou revestimentos quebrados, uma vez que se tornam depósitos de bactérias.

As paredes (lisas, impermeáveis, resistentes e claras) devem estar sempre limpas, livres de resíduos de gordura ou de outras sujidades. A limpeza deve ser sempre executada de cima para baixo.

O teto e o forro também devem ser de material lavável e ser mantidos limpos. Além disso, recomenda-se o uso de luminárias que protegem a lâmpada, impedindo contaminação física caso haja algum rompimento.

Nas áreas de manipulação e armazenamento de alimentos, as janelas precisam garantir boa ventilação e iluminação. Também devem possuir superfície lisa e de material lavável, além de estar bem ajustadas aos batentes, impedindo a entrada de insetos voadores, como baratas, moscas e abelhas e também de ratos. Todas as aberturas externas das áreas de armazenamento e preparação de alimentos devem ser protegidas por telas milimétricas removíveis, a serem higienizadas com escova, água quente e detergente periodicamente. As portas, por sua vez, devem possuir um sistema de fechamento automático, para que permaneçam sempre fechadas, e devem estar perfeitamente ajustadas aos batentes. É recomendável que se instale uma proteção de borracha na base, para impedir a entrada de insetos e roedores. Sua superfície deve ser lisa, não absorvente e de fácil limpeza. As de madeira não são aconselháveis.

As caixas de gordura e canaletas de escoamento (ralos) também merecem atenção especial. As caixas precisam ser limpas diariamente; caso contrário, entopem o esgoto da cozinha. Para não atrair pragas, precisam sempre estar bem vedadas. Os ralos precisam ser do tipo abre-fecha, mais fáceis de limpar e menos sujeitos à contaminação por pragas.

Quanto às latas de lixo, é necessário lavá-las com água quente e detergente e depois desinfetá-las todos os dias. O fundo das latas deve receber um forro de plástico, que facilite a remoção dos sacos de lixo. As latas de lixo precisam permanecer tampadas e devem ser acionadas por pedal. Os sacos com lixo não devem circular perto de alimentos a serem servidos ou armazenados.

Existem ainda algumas regras gerais a serem seguidas, como manter os produtos de limpeza armazenados longe dos alimentos e certificar-se de que estes estão bem guardados e vedados antes de iniciar a higienização da cozinha, para que não haja contaminação. No momento da limpeza, deve-se estar atento às instruções de uso dos produtos empregados, somente utilizando aqueles certificados pelo Ministério da Saúde. Ao término da limpeza, deve-se removê-los por completo com água no último enxágue, para que não haja risco de contaminação posterior dos alimentos. Os materiais utilizados na limpeza da cozinha (vassoura, esfregão, rodo, etc.) devem ser de cor diferente dos utilizados na limpeza dos banheiros, para que não haja confusão e risco à saúde.

Todos os pontos anteriores e outros exigidos pela Anvisa podem ser revisados com o auxílio de uma assessoria nutricional, que é até mesmo obrigatória, dependendo do porte do estabelecimento.

No que diz respeito ao controle das possíveis pragas, algumas medidas são essenciais para facilitá-lo, além das já mencionadas (tela nas janelas, janelas e portas bem vedadas, borracha protetora nas portas, portas com fechamento automático, ralos do tipo abre-fecha, conserto rápido de rachaduras em pisos e paredes). É importante lembrar de retirar as embalagens externas de mercadorias recebidas, uma vez que podem esconder pragas vindas de outros locais; não permitir a entrada de caixas e caixotes dos fornecedores na cozinha e no depósito dos alimentos, devendo ser a mercadoria transferida para caixas plásticas (monoblocos, caixas vazadas, etc.); retirar o lixo, trocar o saco e lavar as latas com frequência. Também é imprescindível manter a dedetização do estabelecimento em dia. Esta, no entanto, deve ser feita por uma empresa confiável, que preste esse tipo de serviço e só utilize produtos aprovados pelo Ministério da Saúde, sempre longe do contato com os alimentos.

Em relação aos equipamentos, utensílios e superfícies de trabalho utilizados na feitura dos pratos, há também uma série de pontos a serem observados. As mesas e bancadas de apoio para manipulação dos ingredientes devem ser lisas, feitas de material que não permita a propagação de substâncias tóxicas, e não transmita odores ou sabores; não devem ter cantos ou reentrâncias, pois isso torna mais difícil a limpeza e maior o número de espaços para acúmulo de alimentos e microrganismos. Para o revestimento, não se podem utilizar materiais porosos ou rugosos, que dificultam a higienização, dando-se preferência a outros mais resistentes, como o aço inox. As bancadas também devem ser mantidas em bom estado de conservação, sem rachaduras, amassados ou descascados. Se for preciso pintá-las, é necessário usar tinta epóxi, em virtude de sua resistência e de sua impermeabilidade. O mesmo vale para os equipamentos de grande porte (geladeiras, freezers, fornos, batedeiras, etc.). Nesse caso, também se deve optar por um design simples e materiais resistentes, facilitando o processo de higienização. O estado de conservação precisa ser observado, bem como o funcionamento, sendo importante a realização da manutenção periódica. Para higienizar tanto as mesas e as bancadas quanto os equipamentos, primeiramente, retiram-se os restos de alimentos aparentes. A seguir, enxágua-se com água quente e sabão, aplicando em seguida uma solução clorada. Por fim, enxágua-se de novo apenas com água até retirar os produtos completamente.

Os utensílios, por sua vez, também devem ser higienizados com frequência, seguindo o mesmo procedimento usado para bancadas e equipamentos (a solução clorada, nesse caso, pode ser substituída por água quente e limpa, acima de 77 °C – temperatura a que os microrganismos não resistem –, por 30 segundos, no mínimo). Nunca deixe para lavar no dia seguinte, visto que isso pode causar a proliferação de bactérias. As panelas, depois de lavadas, devem ficar de cabeça para baixo em prateleiras vazadas. O restante dos utensílios deve ser mantido em local arejado e limpo, livre de poeira e sujeiras.

MEDIDAS DE HIGIENE PESSOAL

Há ainda uma fonte importante de possível contaminação dos alimentos na cozinha: você mesmo. Portanto, há uma série de precauções a serem tomadas para que você não represente esse risco.

Em primeiro lugar, a escovação dos dentes e o banho diário são essenciais. As mãos, especificamente, merecem atenção especial. Elas devem ser lavadas com frequência, inclusive quando você se ausentar da cozinha e retornar. O procedimento a ser adotado é o seguinte: molhar as mãos e o antebraço, usar sabonete antibactericida, enxaguar bem, secar com papel toalha descartável (nunca com pano de prato), aplicar álcool 70% e deixar secar naturalmente. Se houver alguma ferida ou corte nas mãos, é preciso desinfetar o local rapidamente e usar luvas durante todo o processo de cicatrização. Por acumularem resíduos e sujeira, é fundamental manter as unhas sempre cortadas, limpas, escovadas e sem esmalte. O uso de anéis, pulseiras e outros acessórios é proibido, já que estes também podem acumular resíduos capazes de contaminar os alimentos.

O cabelo é outra questão: deve ser mantido sempre curto ou preso, protegido por uma rede, touca, gorro ou similar, totalmente coberto, além de ser constantemente higienizado. É importante tomar cuidado para não passar a mão nos cabelos enquanto se está na cozinha. Homens que tenham barba ou bigode devem mantê-los sempre aparados.

Outro ponto importante é evitar tossir, espirrar e até mesmo falar perto dos alimentos. Não se deve assoar ou tocar no nariz, e é necessário que a pessoa resfriada use uma máscara, que deve ser trocada com frequência. Em climas quentes como o nosso, todavia, o uso da máscara pode resultar em novos problemas, como o corrimento nasal e o acúmulo de suor na região da face, dois fatores que apresentam alto risco de contaminação. Assim, o ideal é que a pessoa resfriada seja afastada de suas atividades até estar completamente curada.

Existem também algumas coisas que nunca devem ser feitas no ambiente da cozinha, como: provar ingredientes com as mãos ou colocar a colher que foi à boca de volta na panela; fumar; manusear dinheiro; enxugar o suor do rosto com pano de serviço, avental ou com as próprias mãos; tocar na orelha ou na boca; se coçar.

Por fim, o uniforme é imprescindível para aqueles que trabalham neste tipo de local. Além de ser o cartão de apresentação do profissional, pode ajudar a prevenir acidentes e diminuir o risco de contaminação dos alimentos, desde que seja mantido sempre higienizado e não seja utilizado na rua. Os itens do uniforme são os seguintes: jaqueta de manga comprida, que precisa ser mantida sempre fechada; lenço de pescoço, para absorver a transpiração (por isso deve ser utilizado junto ao pescoço e bem amarrado); avental, para proteger o uniforme da sujeira e o trabalhador de acidentes causados pela fervura ou calor excessivo (portanto, deve ir até a altura do joelho); touca de material descartável, cobrindo todo o cabelo; calça comprida (mas sem arrastar no chão); e sapatos fechados, resistentes e de solado antiderrapante (devem cobrir todo o pé).

Seguindo essas normas, o risco de contaminação dos alimentos será muito menor, garantindo a saúde, o bem-estar e a satisfação do cliente e construindo, assim, uma reputação para o empreendimento, algo de extrema relevância para o sucesso deste.

Métodos de conservação dos alimentos

Com a necessidade de se prolongar a vida útil das matérias-primas na preparação culinária, ao longo dos tempos foram desenvolvidos processos e equipamentos que mantêm intacta a qualidade dos alimentos.

SALGA

Processo de conservação aplicado, sobretudo, à carne e a alguns peixes, podendo ser associado à defumação e à secagem. Trata-se de uma técnica muito antiga, já usada pelos romanos para peixes, azeitonas, camarões e queijos, e que se ampliou muito na Idade Média. Hoje é menos utilizada do que no passado (em virtude da popularização do processo de refrigeração) nas preparações caseiras e artesanais, mas a salga com sal ou com salmoura ainda é usada para alimentos específicos, como os citados a seguir.

- Anchovas – após limpas, são maturadas em sal de seis a oito meses.
- Arenque, salmão e enguia – salgados com sal ou salmoura e depois defumados.
- Bacalhau – o peixe é cortado longitudinalmente e tem as espinhas retiradas antes de ser empilhado entre camadas de sal misturado com anidrido sulfuroso, que conserva a brancura da carne. A salga dura, pelo menos, 30 dias.
- Carnes – o presunto cru e o bacon são tratados com uma mistura de sal e nitrato e depois empilhados em armazéns. Às vezes, há a adição de salmoura com nitrato ao processo. A eliminação de água forma uma salmoura supersaturada, na qual as peças são trocadas de lugar a cada dez ou 15 dias; a salga leva entre 40 e 60 dias. O presunto cozido é posto em tanques, coberto por salmoura, onde permanece cerca de 35 dias, a uma temperatura entre 3 °C e 5 °C.
- Frutas e legumes – a salga é utilizada, às vezes, para vagem e ervas finas, mas principalmente para chucrute, amendoim, nozes, avelã e chips.
- Queijos – a salga é uma operação importante na fabricação de queijos. O processo acelera a eliminação de água de massas moles, salpicadas de sal, e provoca a formação de casca em massas prensadas, cozidas ou cruas, mergulhadas em salmoura. Quanto mais se renova a salga, mais grossa e dura se torna a casca. Alguns queijos frescos são salgados em proporções diferentes ou mantidos em salmoura leve, caso de certos queijos de cabra e de ovelha.

DEFUMAÇÃO

Técnica tradicional de conservação de carnes e peixes, realizada por meio da exposição prolongada à fumaça proveniente da queima de madeira. A defumação provoca perda de água, o que favorece a concentração de substâncias bactericidas na superfície do produto, dando-lhe uma coloração mais escura e um gosto peculiar. Hoje a defumação é usada menos como técnica de conservação do que como forma de se obter um sabor característico para carnes e peixes.

É utilizada, principalmente, em certos cortes de porco (pernil, barriga; sobrepaleta para copa; filé para bacon), embutidos (salsichas, linguiças e salames), aves (ganso, frango cru ou cozido, peru assado), alguns tipos de caça (javali, faisão) e de peixe (salmão, enguia, esturjão). É sempre precedida pela salga ou por um mergulho em salmoura. No caso dos peixes, existem duas técnicas: na defumação a frio (20 °C a 30 °C), o peixe é colocado junto à fumaça oriunda da lenta queima da madeira; na defumação a quente, ele é exposto primeiramente a uma corrente de ar quente (60 °C a 80 °C), proveniente do fogo, e depois à densa fumaça da câmara de queima revestida de serragem. Esse tipo de defumação implica determinado grau de cozimento. Carnes e embutidos são defumados a quente, diretamente sobre o fogo.

A defumação leva, no mínimo, 20 dias. As madeiras mais utilizadas são a faia e o castanheiro, às quais se adicionam substâncias aromáticas (zimbro, louro, sálvia e alecrim).

REFRIGERAÇÃO

Consiste no ato de baixar rapidamente a temperatura do alimento, que poderá ser consumido frio em seguida. Em geral, a refrigeração mais rápida é obtida mediante a colocação da comida na parte mais fria da geladeira.

O frio é criado por meio de evaporação ou de expansão do fluido frigorífico. As geladeiras atuais funcionam à base de compressão e consomem muito menos energia: um gás, anteriormente comprimido, se expande no interior do aparelho. Dentro da geladeira, a temperatura pode oscilar entre +8 °C e –1 °C, em média. A zona mais fria situa-se na parte mais baixa.

Para que um alimento se conserve por longo tempo, porém, além do armazenamento correto, é necessário que ele seja congelado, e não apenas refrigerado.

CONGELAMENTO

Consiste em submeter alimentos perecíveis à ação do frio para conservá-los. A temperatura deve atingir entre –10 °C e –18 °C. A rapidez da cristalização da água contida no alimento garante a paralisação da atividade bacteriana e a preservação de suas propriedades nutricionais até o descongelamento.

O congelamento tradicional foi pioneiro na utilização do frio intenso como método de conservação de alimentos, diferenciando-se do congelamento ultrarrápido (ou industrial) pela duração e temperatura atingidas. O congelamento ultrarrápido alcança temperaturas em torno de –40 °C e é um método industrial, diferenciando-se do congelamento tradicional, utilizado, sobretudo, no âmbito artesanal. No caso do congelamento comum, os produtos em geral são mantidos no local em que foram congelados, embalados e etiquetados com cuidado, sem nenhum tipo de transporte para outro lugar.

DESIDRATAÇÃO

Chamam-se desidratados os alimentos cuja água foi em parte extraída. Esse método tem objetivos diversos: conservar os produtos por mais tempo; reduzir seu peso e, às vezes, seu volume, simplificando o transporte e o estoque; facilitar o preparo dos produtos, caso do café, do leite, de sopas e outros alimentos solúveis.

A concentração caracteriza-se pela desidratação parcial do alimento, por meio de evaporação, filtragem ou centrifugação. Os produtos derivados da concentração (leite, sopas, sucos de frutas, p. ex.) mantêm entre um terço e metade da água original e continuam líquidos. A concentração por si só não garante a conservação; é preciso que, em seguida, seja realizada a esterilização ou o congelamento.

A desidratação propriamente dita é realizada por meio de secagem ou de atomização (geralmente aplicada a líquidos, pulverizando-os em micropartículas).

CONSERVAÇÃO A VÁCUO

O acondicionamento de um alimento em um saco a vácuo não representa, em si, um processo de conservação. Esse acondicionamento deve estar associado à refrigeração ou ao congelamento. Por isso, ao se eliminar oxigênio, o crescimento de alguns germes é limitado, e as reações de oxidação, retardadas. Considerando que muitos germes não são destruídos com a conservação a vácuo, é preciso ter muito cuidado com a higiene durante os processos de pré-preparo dos alimentos a serem embalados.

Efeitos do calor nos alimentos

O calor é uma forma de energia. Quando um alimento recebe calor, suas moléculas absorvem energia, o que faz com que elas vibrem e se choquem contra as moléculas vizinhas, transferindo calor umas para as outras por contato.

As grandes modificações físico-químicas variam de acordo com o elemento afetado pelo calor: o aumento da temperatura provoca diversas alterações na textura, na cor, na aparência, no aroma e no sabor dos alimentos.

O calor interage com as proteínas, os carboidratos, as gorduras, a água e os demais elementos contidos nos alimentos.

As proteínas sofrem a ação do calor; consequentemente, com o aumento da temperatura, ocorrem processos de desnaturação e coagulação, que provocam mudanças irreversíveis em sua estrutura, passando do estado fluido para o sólido. Ao perderem água com a cocção, tornam-se elásticas e firmes, como acontece com a clara de ovo, por exemplo. Normalmente, as proteínas coagulam na faixa entre 70 °C e 85 °C. Atenção: acima de 70 °C, o peixe perde a umidade, fica duro e ressecado.

Os carboidratos são compostos, principalmente, por amidos e açúcares. Cada um destes sofre um processo diferente durante o aquecimento e a cocção, conforme explicado a seguir. Os amidos são insolúveis em água fria; sua solubilidade torna-se maior com o aumento da temperatura da água. Assim que o líquido esquenta e atinge a temperatura de solubilização, as moléculas do amido absorvem as da água, incham, aglutinam-se e tornam-se viscosas e transparentes. Os amidos gelatinizam na faixa entre 65 °C e 100 °C. Os açúcares caramelizam quando submetidos a altas temperaturas, perdendo água. A sacarose começa a caramelizar a cerca de 170 °C; já os demais açúcares presentes nos alimentos (frutose, maltose e lactose) caramelizam a temperaturas mais baixas.

As gorduras mudam de estado físico sob o efeito do calor. Em geral, sólidas em temperatura ambiente, as gorduras derretem facilmente com o aumento da temperatura, como ocorre, por exemplo, com a manteiga, a banha animal e a gordura vegetal. As gorduras, tanto as sólidas quanto as líquidas (como óleos vegetais), atingem temperaturas mais elevadas do que a água, servindo para fritar e dourar alimentos.

Mas como acontece a transferência de calor?

Existem dois processos que permitem a passagem do calor para os alimentos: a convecção e a condução.

A troca de calor por convecção ocorre quando o meio de transmissão de calor é fluido, podendo ser líquido ou gasoso (p. ex., o vapor d'água ou o ar quente do forno). A variação de densidade entre as moléculas aquecidas e não aquecidas cria correntes de fluido aquecido. Essa movimentação aquece todo o fluido e os materiais que com ele estiverem em contato (p. ex., um assado no forno). Dependendo da velocidade dessas correntes, a troca de calor por convecção pode ser definida como natural ou forçada (neste último caso, p. ex., a ventoinha dos fornos elétricos desempenha essa função).

Na condução, as moléculas externas dos alimentos recebem energia, se aquecem e passam a transferir o calor para a molécula adjacente, e assim por diante. Desse modo, o calor segue por condução do exterior para o interior do alimento. A chama do fogo aquece o fundo da panela e, pela condução do calor, a panela aquece os alimentos em seu interior.

Matérias-primas

A segmentação dos produtos a seguir é só uma amostra de um método possível de classificação das matérias-primas. Os exemplos apresentados não têm a pretensão de representar a totalidade dos alimentos existentes em cada grupo.

Grãos

Os grãos são sementes comestíveis das plantas leguminosas. Na sua forma seca, são considerados alimentos básicos em todas as regiões do globo.

É necessário deixá-los de molho antes do cozimento. Podem ser encontrados sob diferentes formas, cores e tamanhos.

(1) lentilha laranja, (2) soja, (3) fava rajada, (4) feijão, (5) lentilha, (6) feijão-preto, (7) grão-de-bico, (8) ervilha seca

Cereais

Os cereais são gramíneas que se apresentam, geralmente, como espigas. São encontrados no mercado sob a forma de sementes integrais (com película externa) ou processadas (sem película). Ainda é comum seu uso após germinação (broto de alfafa). São a base da fabricação de farinhas, e seu consumo é mundialmente difundido. Devem ser cozidos para facilitar a digestibilidade. Podem também ser encontrados cereais formados por goma de raiz ou palmeira (tapioca e sagu).

(1) arroz integral, (2) sagu, (3) quinoa, (4) arroz selvagem, (5) arroz arbóreo, (6) arroz preto, (7) trigo, (8) tapioca

Açúcares e doces

Açúcares são cristais de sacarose extraída da cana-de-açúcar ou da beterraba. O açúcar mais usado no mundo é o refinado, de cristais finos, que dissolve com bastante facilidade. Por ser um agente de conservação e uma grande fonte energética, além de apresentar um paladar de grande aceitabilidade, o açúcar é uma das principais matérias-primas da confeitaria.

Encontram-se igualmente no mercado matérias-primas "doces" oriundas de outras fontes, como o mel, produzido pelas abelhas com o néctar das flores, e o xarope de bordo (maple), produzido com a seiva de uma árvore nativa da América do Norte.

(1) açúcar mascavo, (2) açúcar refinado, (3) rapadura, (4) melaço; (5) açúcar cristal, (6) glaçúcar, (7) xarope de bordo (maple), (8) mel

Especiarias

Substâncias aromáticas de origem vegetal cujo sabor e aroma servem para incrementar preparações culinárias, deixando-as mais agradáveis e com identidade específica. Cada região do mundo, em sua cultura gastronômica, tem padrões definidos quanto ao uso dos diferentes tipos e quantidades. São comumente trabalhadas sob forma de pó.

(1) açafrão, (2) noz-moscada, (3) páprica, (4) zatar, (5) cominho, (6) wasabi, (7) curry, (8) pimentas rosa, branca e preta

(1) cravo, (2) pimenta-verde, (3) anis-estrelado, (4) alcaparra, (5) gengibre, (6) cardamomo, (7) mostarda, (8) canela

Condimentos

A definição dos condimentos não se vincula a um tipo de matéria-prima específica, mas a uma sensação gustativa de acompanhamento do elemento principal a ser realçado. Essas preparações alimentares são usadas para temperar os alimentos e geralmente constituem-se de especiarias, ervas aromáticas e bases de sabores específicos.

Vinagres e molhos industrializados

Vinagres são derivados de líquidos alcoólicos que, ao sofrerem fermentação em tonéis, formam, em contato com o ar, uma fina camada aveludada. Esta, ao se misturar naturalmente com o líquido, concretiza a formação de ácido acético (concentração de, pelo menos, 6%). A origem da palavra vem do francês "vinho acre" (vin aigre).

Os molhos industrializados são concentrados de preparos tradicionais regionais ou de origem exótica que já se encontram à venda no mercado.

(1) shoyu, (2) ketchup, (3) molho de ostra, (4) molho de pimenta, (5) vinagre de maçã, (6) molho inglês, (7) vinagre de vinho, (8) molho de tamarindo

Óleos e gorduras

Usados em 90% das receitas, tanto salgadas quanto doces, representam algumas das bases dos preparos culinários. Devemos nos lembrar de que a origem dos óleos e das gorduras pode ser animal (p. ex., banha), vegetal de semente ou grão (p. ex., óleo de milho, girassol) e vegetal de fruto (p. ex., azeite de oliva e azeite de dendê).

(1) azeite de dendê, (2) óleo de nozes, (3) óleo de soja, (4) azeite temperado, (5) óleo de milho, (6) azeite, (7) margarina, (8) banha

Pimentas e pimentões

Deve-se detectar ardência mais ou menos acentuada em todas as pimentas. Em razão da variedade de tipos de pimenta, devemos levar em consideração dois aspectos: a intensidade de sabor do produto utilizado e o hábito cultural de consumo do público a ser atendido.

Os pimentões são os representantes mais brandos dessa família.

(1) pimenta biquinho, (2) pimenta dedo-de-moça, (3) pimenta calabresa seca, (4) pimenta cambuci, (5) pimenta-de-cheiro-amarela, (6) pimentão verde e pimentão vermelho

(1) nozes, (2) amendoim, (3) pinoli, (4) castanha de caju, (5) amêndoas, (6) uva-passa, (7) castanha-do-pará, (8) macadâmia

Nozes e frutas secas

A família das nozes é formada por sementes de frutas geralmente de casca dura (p. ex., amêndoas e avelãs).

Frutas secas ou cristalizadas (com adição de açúcar) têm como finalidade maior conservar-se por mais tempo. A desidratação e a cristalização alteram o paladar, deixando as frutas com sabor mais adocicado.

Laticínios

Representam a cadeia de produção dos derivados do leite. Trata-se de uma evolução do leite integral, que, depois de decantado, produz a nata e o creme de leite, que, por sua vez, após ser batido vigorosamente sob temperatura controlada, produz a manteiga. Esta, após ser derretida e decantada, gera o processo de clarificação, cujo produto mais conhecido é a manteiga de garrafa (ou manteiga clarificada).

Já o iogurte é o primeiro estágio de coagulação do leite, que fornecerá a base para a coalhada, a etapa inicial para a fabricação de todos os queijos.

(1) leite em pó, (2) nata, (3) leite integral, (4) iogurte; (5) manteiga, (6) creme de leite, (7) leite condensado, (8) manteiga de garrafa, ou clarificada

Queijos frescos: São aqueles que não passaram por nenhum processo de cura, facilmente reconhecíveis pela ausência de crosta ou casca: (1) ricota; (2) cottage; (3) cream cheese; (4) muçarela fresca.

Queijos de casca com mofo branco: Durante a cura, recebem tratamento à base de salmoura, a qual desenvolve uma película aveludada na superfície do produto, mantendo a massa interna mais ou menos cremosa: (1) brie; (2) camembert; (3) chèvre.

Queijos de veios azuis: Recebem injeções de fungos específicos *(penicillium roqueforti)* e, durante a cura, desenvolvem os veios azuis característicos: (1) bleu; (2) gorgonzola; (3) rocquefort.

Queijos de casca lavada levemente alaranjada: Em virtude de um período extenso de cura, desenvolvem uma crosta mais dura. Esse tempo de cura pode variar entre 2 e 15 meses: (1) gruyère, (2) parmesão; (3) emmental; (4) tomme de savoie.

Frutas tropicais e frutas exóticas

As frutas tropicais são comuns no Brasil, onde podem ser encontradas em variedade abundante, por causa do clima propício: (1) maracujá; (2) caju.

As frutas exóticas geralmente são originárias da Ásia ou do norte da África, mas se adaptaram facilmente às condições climáticas do Brasil. Elas podem ser encontradas com mais facilidade nas feiras locais: (3) romã; (4) kiwi; (5) fruta-do-conde.

Frutas vermelhas

As frutas vermelhas são conjuntos de bagas de origem silvestre com sabor levemente ácido. Podem ser encontradas em formato cônico – (1) morango, framboesa, amora – ou redondo – groselha, cassis, mirtilo.

Frutas cítricas

São frutas com gomos de paladar mais ou menos doce, com acidez variável: (1) tangerina; (2) laranja; (3) limão.

Frutas europeias

As frutas europeias adaptaram-se às condições climáticas do sul do Brasil, e seu consumo aqui se tornou comum: (1) uva; (2) maçã; (3) pera.

Melões

Essas frutas têm alto teor de água. Em relação aos melões, são muitas as variedades, mais ou menos adocicadas. De forma geral, os melões de casca enrugada são mais perfumados e têm sabor mais acentuado que os de casca lisa: (1) melancia; (2) melão orange ou melão cavaillon.

Massas longas e curtas

As massas têm como base farinha de trigo e água, podendo ser combinadas com ovos, cereais ou mesmo vegetais, como espinafre ou tomate. São encontradas secas ou frescas, variando assim seu tempo de cocção. As massas longas, como espaguete ou talharim, têm formato de corda ou fita. Massas curtas, como penne e rigatoni, são de pequeno corte e compõem excelentes pratos com molhos ricos. Massas em concha são apropriadas para sopas e caldos.

(1) rigatoni, (2) farfalle integral, (3) penne, (4) conchinha para sopa, (5) espaguete, (6) talharim

Massas recheadas e orientais

Lasanhas e canelones são massas salgadas que devem ser recheadas e assadas. Na lasanha, recheio e massa se intercalam em camadas, enquanto os canelones são enrolados depois de recheados. Ravióli e tortellini são massas frescas e moldadas com recheios variados de carnes, queijos, temperos. Nas massas orientais, é comum o uso da farinha de arroz no lugar da de trigo.

(1) lasanha, (2) canelone, (3) massa filo, (4) massa de pastel, (5) ravióli

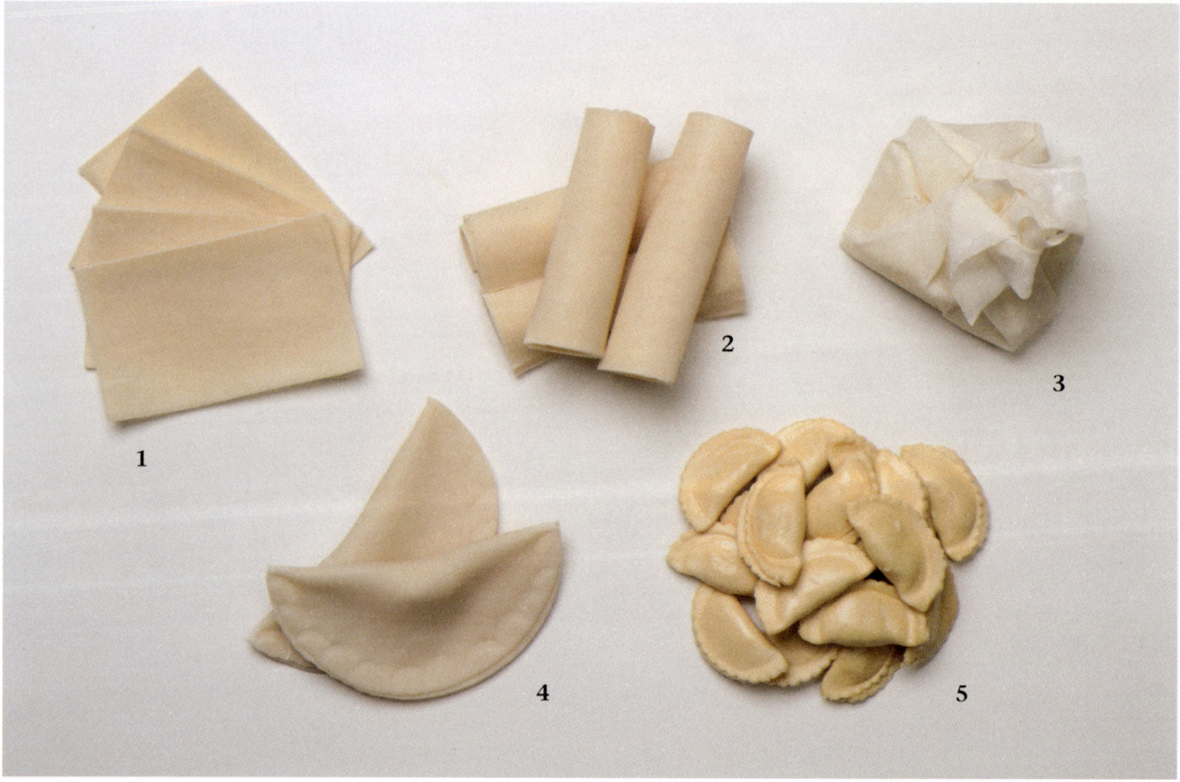

Peixes

A carne dos peixes é de grande valor nutritivo, sendo rica em vitaminas, minerais e ácidos graxos. Existem inúmeras maneiras de preparo para peixe – grelhado, assado, frito; só é necessário atentar para sua deterioração rápida, preparando-o apenas quando fresco ou congelado de forma apropriada. As espécies estão classificadas em arredondadas, como é o caso do namorado, e achatadas, como o linguado. Peixes como a truta e o salmão são classificados como oleosos, ricos em ômega 3.

(1) namorado,
(2) linguado,
(3) truta

Frutos do mar

Dá-se tal denominação aos crustáceos e moluscos, normalmente de carne delicada e pouco gordurosa. Lagostas, camarões, cavaquinhas e caranguejos são os mais comuns exemplos de crustáceos. Dos moluscos, uma larga parcela possui conchas, que devem estar fechadas e limpas antes do cozimento. Além disso, existem os moluscos cefalópodes, como a lula e o polvo, que são encontrados, como a maioria dos frutos do mar, em conserva ou frescos.

(1) cavaquinha,
(2) lagostim,
(3) camarão,
(4) vôngole,
(5) lula

Carne de porco (cortes mais comuns)

Com sabor particular, hoje é considerada uma proteína saudável. O pernil é usado para fazer presunto; é um corte nobre e que pode ser assado ou grelhado. A bisteca, também conhecida como costeleta, é o corte transversal do lombo do porco com osso; pode ser grelhada ou assada.

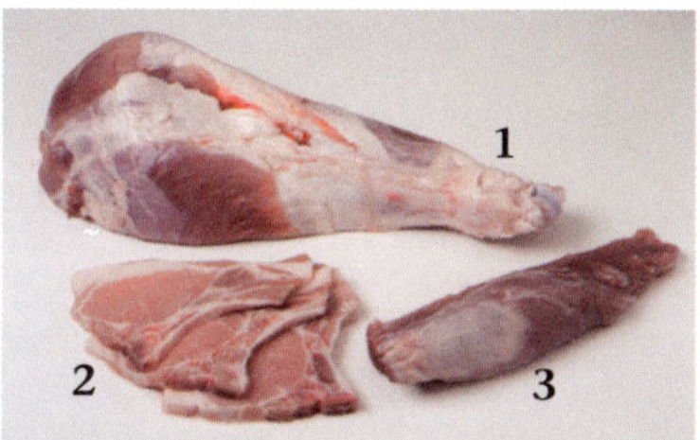

(1) pernil,
(2) bisteca ou carré,
(3) mignonzinho

Carne de boi (cortes mais comuns)

A maciez da carne bovina varia de acordo com a origem do corte, que pode ser dianteira ou traseira, e assim se adéqua a cada preparo. Por exemplo, contrafilés são retirados do lombo do boi; macios e firmes, podem ser grelhados, cortados em bifes, assados e proporcionam ótimos rosbifes.

Os filés, também provenientes do dorso, são mais macios e sem nervos, ossos ou gordura. A espessura do seu corte em bifes faz variar a denominação, na seguinte sequência: chateaubriand, filé, tournedor, medalhão, escalopinho. Para churrascos, usa-se preferencialmente a picanha, corte triangular da alcatra, que possui uma grossa camada de gordura e é muito saborosa. Cortes como acém, pá, chã geralmente são utilizados em preparo de ensopados.

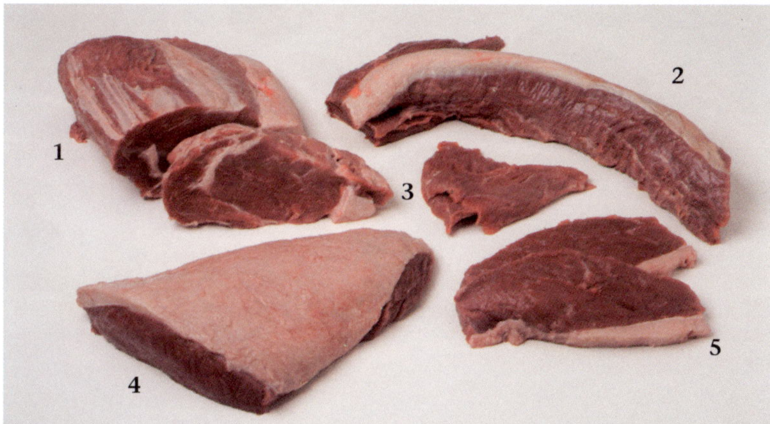

(1) contrafilé, (2) filé, (3) bife de filé, (4) picanha,
(5) bife de picanha

Miúdos

Miúdos é a denominação genérica para tudo que é comestível em um animal além de sua carne, como os órgãos internos: rins, miolos, fígado, coração, etc. Além de mais baratos, os miúdos são muito nutritivos. Cartilagens e ossos aromatizam molhos e caldos. São de rápida deterioração, por isso é importante prepará-los sempre frescos.

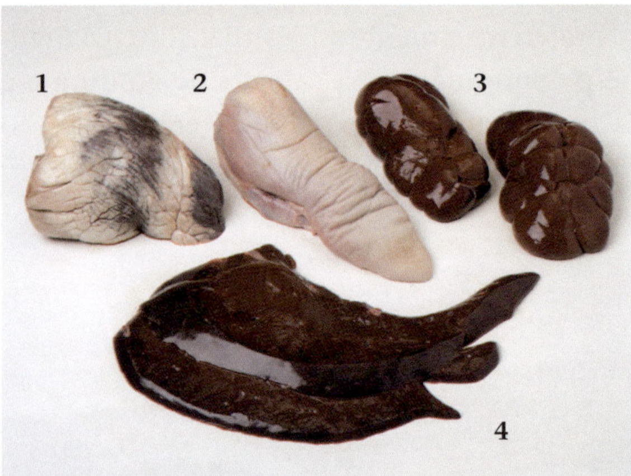

(1) coração, (2) língua, (3) rins, (4) fígado

Embutidos e frios

Embutidos são carnes temperadas e acomodadas em membranas ou tripas. Seu surgimento deu-se a partir da necessidade de conservar sobras de carnes, por isso quase sempre são submetidos a algum tipo de técnica de conservação, como cura ou defumação. Podem ser consumidos crus ou após cozimento. Mortadela, linguiça, presunto e salame são exemplos comuns de embutidos, nos quais gosto e textura variam de acordo com a carne e os condimentos utilizados.

(1) linguiça defumada, (2) salsicha, (3) presunto, (4) mortadela, (5) copa, (6) peito de peru, (7) salaminho, (8) lombo canadense

Aves

Em geral, as aves apresentam carne mais macia que a de outros animais e são versáteis quanto ao preparo. São divididas em domésticas e selvagens, embora algumas espécies possam ser criadas de ambas as formas.

Os frangos possuem carne macia e saborosa, além de pouco gordurosa. São encontrados inteiros, porcionados, frescos/refrigerados ou congelados; podem ser preparados grelhados, assados, refogados ou ensopados. A carne de peru é encontrada inteira ou em corte de peito ou sobrecoxa. A carne de codorna é delicada e macia, podendo ser assada, refogada ou grelhada. A requintada carne de pato é um pouco mais gordurosa, porém apresenta um sabor característico e uma textura definida pelo ponto exato de cocção. Como todas as aves de caça, necessita de cocção longa e hidratada, quando se trata de coxa e sobrecoxa, e de cocção rápida, quando se trata do peito.

(1) frango,
(2) pato,
(3) coxa de peru,
(4) codorna

(1) alecrim, (2) sálvia, (3) coentro, (4) tomilho, (5) hortelã, (6) manjericão, (7) louro, (8) endro

Ervas aromáticas

Uma ampla variedade de plantas compõe o grupo das ervas aromáticas. A maioria delas é facilmente encontrada fresca ou seca, sendo a segunda opção dotada de sabor mais forte. No geral, é necessário cuidado na adição de ervas, evitando que seu gosto sobreponha-se ao sabor do elemento do prato principal.

Folhas macias

Destacam-se entre as folhas macias as alfaces e suas variações. Americanas, romanas, crespas e a vistosa lollo rosso são universalmente utilizadas no preparo de saladas. As alfaces são compostas de mais de 90% de água, e seu cultivo é praticado em todo o mundo.

(1) lollo rosso, (2) alface romana, (3) alface crespa, (4) alface americana

Folhas rígidas

Folhas grossas e pouco flexíveis que variam de cor e sabor. A acelga possui algumas variantes, suas folhas são de um verde mais claro, sua textura é firme e seu sabor é adocicado.

Radicchio e endívia são variedades no cultivo de chicórias – a primeira apresenta tons avermelhados, enquanto a segunda possui folhas claras e amargas. O espinafre é extremamente nutritivo, com folhas escuras e sabor delicado.

(1) acelga, (2) radicchio, (3) espinafre, (4) endívia

Batatas, tubérculos e raízes

Tubérculos são desenvolvidos embaixo da terra, sem raízes ou folhas, como é o caso da batata-inglesa. São ricos em amido, vitaminas e minerais. Cenoura, batata-doce, nabo e beterraba são raízes tuberosas, isto é, plantas cujas raízes servem de reservatório de energia e, por isso, incham debaixo da terra. Raízes e tubérculos são as guarnições mais comuns em pratos da cozinha contemporânea.

(1) batata-doce, (2) inhame, (3) batata-baroa, (4) cenoura, (5a) batata Asterix, (5b) batata holandesa, (5c) batata-inglesa, (5d) batata calabresa), (6) nabo redondo, (7) nabo comprido, 8) beterraba

Rebentos e bulbos

Em meio à diversidade de bulbos e rebentos comestíveis, destacam-se cebolas, alhos, alcachofras e aspargos, e as variações de cada um. O uso de caule e broto na gastronomia é bastante difundido, especialmente em alguns caldos e sopas, refogados e assados.

(1) aipo, (2) funcho, (3) alho-poró

(1) cebolinha, (2) alcachofra, (3) aspargo, (4) alho, (5) cebola

Hortaliças rasteiras e trepadeiras

Das hortaliças rasteiras e trepadeiras, citam-se, entre outros, o maxixe, a vagem e suas variações, o quiabo, o chuchu e a abóbora. Do maxixe, são retirados frutos de seus ramos, que podem ser refogados ou ensopados. Abóboras e chuchus são muito usados assados, recheados ou em purês e suflês.

(1) vagem francesa, (2) vagem comum, (3) vagem manteiga, (4) ervilha vagem, (5) maxixe, (6) quiabo, (7) chuchu, (8) abobrinha, (9) pepino, (10) abóbora

Frutos

Frutos são estruturas de proteção das sementes em desenvolvimento. São vegetais carnudos e com casca, como tomates, pimentões e berinjelas. Os frutos têm grande valor nutritivo, e boa parte de sua composição é de água, tornando-os em geral pouco calóricos. Alguns frutos são encontrados secos, como é o caso dos tomates, desidratados e mergulhados em azeite.

(1) abacate, (2) berinjela, (3) tomate, (4) tomate seco

Crucíferas

Crucíferas são vegetais como couve, brócolis e repolho. Suas folhas são verdes e normalmente grandes, além de ricas em vitaminas e minerais. Podem ser utilizadas no preparo de sopas e caldos, além de servirem como ótimas guarnições, quando cozidas no vapor ou refogadas.

(1) couve-flor, (2) couve-de-bruxelas, (3) brócolis americano, (4) brócolis, (5) repolho roxo, (6) repolho verde

Cogumelos

Os cogumelos são fungos comestíveis, de sabor forte, que estão presentes na culinária de várias partes do mundo. Facilmente encontrados frescos, secos ou em conserva, são ótimos para acompanhar caldos, sopas e carnes.

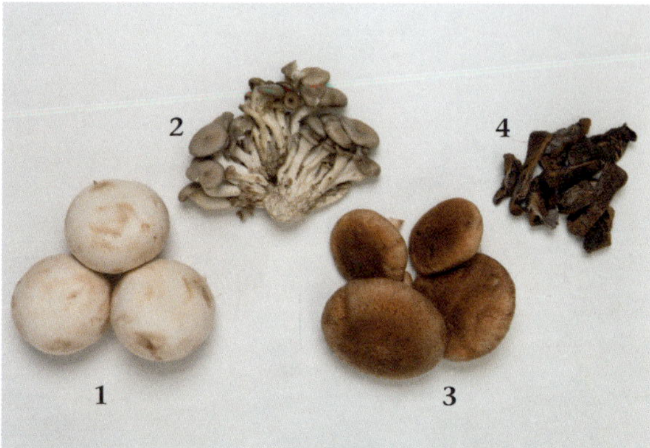

(1) cogumelo-de-paris, (2) shimeji, (3) shitake, (4) funghi secchi

Cuidados com a qualidade dos alimentos

Um elemento fundamental para o sucesso de um restaurante ou qualquer outro empreendimento na área da culinária é a qualidade dos ingredientes servidos. Por isso, é necessário estar atento a todas as etapas por que passam os alimentos até chegarem ao prato do consumidor, desde a seleção e a compra, passando pelo armazenamento e estoque, até a preparação dos pratos a serem servidos, para não haver contaminação. Garantir a saúde dos clientes é imprescindível.

SELEÇÃO E COMPRA

Em primeiro lugar, a etapa de seleção é muito importante. O primeiro passo é construir uma rede de fornecedores de confiança, que garantam a qualidade do produto, e não ter medo de devolver os produtos, se houver dúvida em relação à sua qualidade. Saber comprar na quantidade ideal também é essencial. Quanto mais tempo o alimento passa armazenado, maior a chance de ser contaminado ou se deteriorar. Por isso, comprar em menores quantidades e somente aqueles ingredientes que se pretende utilizar logo é uma boa ideia. Lembre-se de que um ingrediente desperdiçado é dinheiro jogado fora.

É igualmente fundamental observar alguns indicadores básicos dos alimentos, como cheiro, aparência, textura e consistência. Prestar atenção em seus cinco sentidos é de extrema importância na cozinha.

Os cortes de carne bovina devem estar compactos, apresentar gordura branca e firme, cor vermelho-brilhante e cheiro agradável. Isso indica que a carne está fresca. No caso da carne moída, o ideal é que a moagem seja feita na frente do comprador, para evitar misturas de carne boa com carne deteriorada ou de peças de primeira com peças de segunda. Se a carne já vier embalada, verifique sempre o estado da embalagem, a aparência da carne e a data de validade.

Para a carne suína, as características são as mesmas da bovina, com o acréscimo de que não se deve comprá-la se esta apresentar pequenas bolinhas brancas denominadas "canjicas", o que significa que está contaminada. Já no caso das carnes de aves, devem apresentar consistência firme e coloração que pode variar entre o branco e o amarelo. A superfície deve ser brilhante, e o odor, suave.

Quando novos, os ovos possuem casca menos porosa, mais limpa e sem rachaduras. Estes não devem ser consumidos com cheiro ou sabor desagradável. O ovo merece atenção especial quando utilizado cru na feitura dos pratos. Nesse estado, pode transmitir uma doença grave chamada salmonelose, causada pela bactéria *Salmonella*, que provoca febre, cólica e diarreia. Desta forma, é necessário que esteja o mais fresco possível.

O leite, por sua vez, deve ter odor suave, aparência homogênea e coloração típica (é necessário verificar sempre o prazo de validade). Já o queijo não deve ser consumido quando

"A tendência é a presença de profissionais cada vez mais bem preparados e, na cozinha, a volta às raízes gastronômicas regionais e a procura por ingredientes produzidos no local, com práticas sustentáveis ecológica e socialmente."

Chef Duca Lapenda, *restaurantes Pomodoro Café e Tapioca, Recife/PE*

apresentar aspecto limoso, mofo, cor e cheiro alterados. Para os iogurtes, uma boa dica é atentar para a embalagem. Se a tampa estiver estufada, é sinal de multiplicação de microrganismos.

Peixes, crustáceos e mariscos são produtos de alto risco, pois se deterioram rapidamente e podem provocar sérios problemas de saúde. Quando fresco, o peixe apresenta cheiro suave, olhos salientes e brilhantes, guelras vermelhas, escamas e corpo firmes, pele brilhante e corpo firme, não cedendo à pressão dos dedos (quando a carne for apertada, deve voltar rapidamente à posição inicial). O camarão deve estar com a cabeça presa ao corpo e a carapaça firme, além dos outros aspectos já mencionados. Os peixes secos, por sua vez, demonstram deterioração quando apresentam manchas úmidas ou avermelhadas pelo corpo.

Os embutidos, como salsicha, linguiça, salame, mortadela e presunto, devem apresentar cor original, sem excesso de corantes, e boa consistência. Seu aspecto não pode ser limoso. As salsichas e as linguiças não devem ter bolhas de ar ou líquidos.

As frutas, hortaliças e legumes, quando próprios para o consumo, possuem cores brilhantes, sem mofo, manchas, partes estragadas ou amolecidas. As hortaliças não podem estar murchas, nem as frutas enrugadas ou com perfurações. A umidade também deve ser observada: não deve haver excesso nem ressecamento. O ideal é dar preferência às frutas e às hortaliças da estação, por serem mais saudáveis, mais nutritivas e mais baratas. Outra dica é procurar comprar a maior quantidade possível de frutas e vegetais orgânicos, sem agrotóxicos, prejudiciais à saúde.

Para enlatados em geral e alimentos conservados em vidro (como o champignon e o palmito), o aspecto mais importante a ser notado é a embalagem: se estiver estufada, é sinal da presença da bactéria causadora do botulismo, uma doença grave que pode levar à morte por paralisias corporais. É necessário evitar também a compra de produtos cuja embalagem esteja amassada ou com sinais de ferrugem.

Até mesmo o gelo gera certas precauções. Se for utilizado apenas para conservar bebidas e alimentos, sem contato direto com os mesmos, é dispensável o uso de água potável. No entanto, para qualquer uso que implique interação direta com os alimentos e as bebidas, o gelo deve necessariamente ser feito com água potável e, se industrializado, precisa ter o registro e a aprovação do Ministério da Saúde.

ARMAZENAMENTO E ESTOQUE

A segunda etapa para melhor garantir a qualidade e a conservação dos alimentos é mantê-los armazenados sob condições ideais. Nesse sentido, é muito importante estar familiarizado com o conceito dos alimentos potencialmente perigosos. A expressão se refere àqueles ricos em proteína, que oferecem condições favoráveis ao crescimento de microrganismos e, por isso, merecem atenção especial no momento de conservação/armazenamento. São exemplos de alimentos potencialmente perigosos: ovos, laticínios e todos os tipos de carne. Estes devem ser mantidos resfriados a uma temperatura controlada de, no máximo, 5 °C (temperatura em que a proliferação de microrganismos é muito mais lenta).

Outros alimentos que devem ser mantidos resfriados são os prontos (previamente cozidos), também no máximo a 5 °C; as sobremesas, as massas e os frios (até 8 °C); e os hortifrutigranjeiros (até 10 °C). Os previamente esfriados e pré-embalados devem ser conservados de acordo com a temperatura recomendada pelo fabricante. O ideal é que cada gênero seja armazenado separadamente. Caso isso não seja possível, a temperatura deve ser adequada ao alimento que necessite daquela mais baixa. Os congelados, que devem ser conservados em freezers, precisam ser guardados em até, no máximo, –18 °C. As temperaturas de geladeiras e freezers devem ser inspecionadas periodicamente.

Algumas regras devem ser seguidas para otimizar o processo de armazenamento e impedir a contaminação ou a deterioração dos alimentos. Em primeiro lugar, os produtos mais antigos devem ser utilizados antes dos mais novos, impedindo que estraguem (sempre respeitando a data de validade). Para isso, é necessário datar tudo no momento do recebimento e manter os mais recentes atrás dos mais antigos. Além disso, é importante armazenar os alimentos cozidos em cima dos crus, para evitar a contaminação cruzada (em que ingredientes previamente higienizados e/ou cozidos entram em contato com aqueles que ainda não passaram por nenhum desses processos); manter os alimentos longe das linhas de condensação que gotejem (a umidade ajuda na proliferação de microrganismos) a, pelo menos, 13 cm do chão e com espaço para a circulação do ar; esfriar totalmente os alimentos já cozidos antes de colocá-los na unidade de resfriamento, sempre tampados; não colocar panelas com ingredientes quentes na geladeira, pois estes elevam a temperatura da unidade e deixam os demais fora de suas temperaturas ideais.

O armazenamento seco, por outro lado, deve ser feito para alimentos enlatados, grãos, produtos de papel e outros artigos que não exijam refrigeração. Os gêneros alimentícios sempre precisam ser separados dos produtos de limpeza e de outros não alimentícios e devem ser categorizados por meio de divisórias no espaço de conservação. É necessário que sejam mantidos longe da presença de ralos e caneletas, a, pelo menos, 13 cm do chão e distantes das paredes. O ambiente deve possuir temperatura média e ser arejado e seco. Também aqui se aplica a regra de utilização dos produtos mais antigos antes dos mais recentes, sendo fundamental a marcação da data de recebimento de todos os ingredientes.

PREPARO

O momento de preparo dos alimentos também envolve alguns cuidados para diminuir os riscos de contaminação. Além da higienização constante do ambiente e dos cuidados pessoais, é importante manter pratos sujos, panelas e caixas longe das bancadas de manuseio dos ingredientes; proteger com calhas fechadas todas as lâmpadas da área de manipulação, para que não caiam fragmentos nos alimentos, caso se quebrem; ter cuidado ao abrir embalagens de vidro, para que elas não quebrem próximo aos alimentos; não utilizar utensílios e mobiliário de madeira, para evitar que suas lascas contaminem os produtos (também são mais difíceis de limpar, facilitando a proliferação de microrganismos); ter atenção ao enxaguar equipamentos e utensílios que entrarão em contato com os alimentos, para não contaminá-los com produtos de limpeza; remover totalmente as pedras ao catar feijão e outros cereais; lavar bem as frutas e verduras, para retirar todos os resíduos; manter os ingredientes crus e as frutas e verduras não lavadas longe dos já preparados e/ou cozidos, para que não haja contaminação cruzada.

Observando esses princípios, mantendo sempre maior atenção e maior rigor quanto à qualidade dos alimentos a serem servidos, as exigências do cliente e as normas, com certeza, serão atendidas, garantindo o sucesso e a reputação do estabelecimento.

"Muitos veteranos já assumem a necessidade de desenvolver habilidades novas, como informática, gestão de pessoas, controle de estoque e custos, entre outras, e buscam instituições de ensino para se profissionalizar e ter um diploma nas mãos. Essa é uma evolução importante, pois dá credibilidade à gastronomia do país.

Chef José Ribeiro, Hotel Sheraton, Rio de Janeiro/RJ

Sustentabilidade

A consciência cada dia maior acerca da escassez de matérias-primas em algumas regiões do mundo obriga os profissionais que lidam com produção alimentícia a ter mais cuidado com perdas e a buscar soluções criativas, valorizando a totalidade dos alimentos.

DESPERDÍCIO

As fontes de desperdício nas operações de cozinha são armadilhas ao longo do processo (p. ex., a descascagem desnecessária ou a perda de qualidade nutritiva por conta de cocção inadequada).

O desperdício tem início no recebimento de mercadorias de baixa qualidade, no armazenamento inadequado dos alimentos, no pré-preparo desnecessário ou com perdas e descartes excessivos e no volume de preparo sem retorno comercial.

VIABILIDADE ECONÔMICO-FINANCEIRA

De acordo com os objetivos financeiros e os custos operacionais de um estabelecimento, a tão falada sustentabilidade muitas vezes é relativa à margem de lucro exigida pelos investidores. Por essa razão, os custos de operação devem ser acompanhados diariamente pela equipe gestora.

A única maneira de obter informações confiáveis é saber manejar sistemas informatizados de controle de custos, com base em acompanhamento diário de compras e estoque, planejamento de cardápio e monitoramento do volume de produção.

A equação simples, que deve ser observada com cuidado, consiste em um equilíbrio perfeito entre a compra de matéria-prima, a produção diária e o volume projetado de venda.

REAPROVEITAMENTO

A noção de reaproveitamento constitui em si um aspecto negativo; porém, todo produto que não for colocado em exposição pode ser reapresentado, ao passar por uma transformação otimizada.

São comuns os pré-preparos para bufês permanecerem já com acabamento final, em estado de espera; porém, se essa postura facilita a operação, muitas vezes representa perda parcial do produto, que poderia ter sido aprontado na hora da reposição efetiva. O bolinho de arroz da vovó, muitas vezes, é mais saboroso que o arroz do dia anterior, e o suco de laranja já processado pode virar um maravilhoso molho para aves.

APROVEITAMENTO INTEGRAL DE ALIMENTOS

Com base em uma perspectiva de futuro em que a escassez de alimentos vai aumentar e os custos de produção serão cada vez mais controlados, uma total diversificação de técnicas de preparação da mesma matéria-prima deverá ser aplicada, alcançando-se assim um resultado pleno. Como exemplo, pode-se citar a couve-flor, cujas folhas são aproveitadas como couve, os talos são consumidos refogados ou com creme e as nobres flores são servidas como guarnição.

A diferença entre o aproveitamento integral de alimentos e os outros itens supracitados é basicamente o planejamento de cardápios estruturados com matérias-primas multifuncionais.

4

As técnicas

AS TÉCNICAS NADA MAIS SÃO DO QUE um conjunto de processos fundamentais, principalmente quando falamos em cozinha profissional, pois elas garantem a padronização de medidas, receitas, métodos e nomenclaturas. O domínio das técnicas e sua correta compreensão permitem não só a interpretação das receitas, como também sua adaptação ou mesmo inovação e representam o diferencial em uma trajetória profissional.

Tipos de corte

O corte varia de acordo com o alimento e o prato em que será apresentado, e os termos que definem essas técnicas são de origem francesa. Veja algumas delas a seguir.

Découper

A técnica é utilizada tanto para fatiar carnes já cozidas quanto para preparação destas ainda cruas para certos pratos, como desossar, separar músculos. A peça bovina em geral é cortada perpendicularmente, no sentido da fibra muscular.

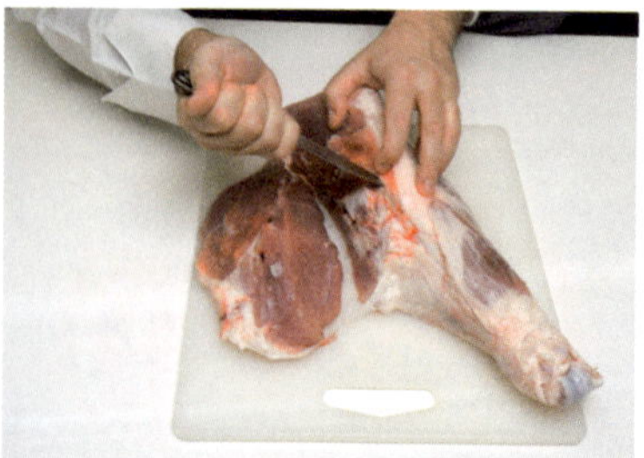

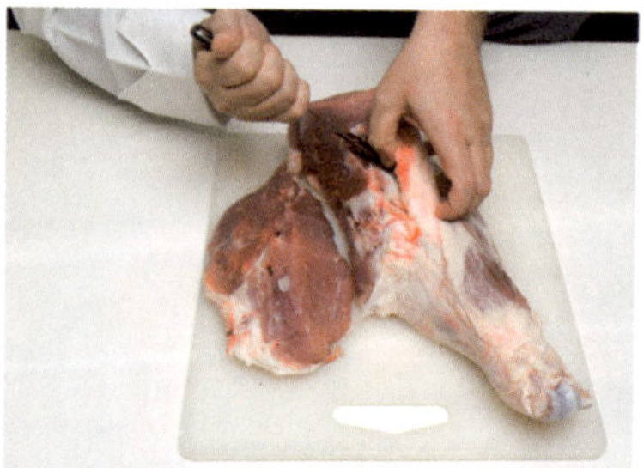

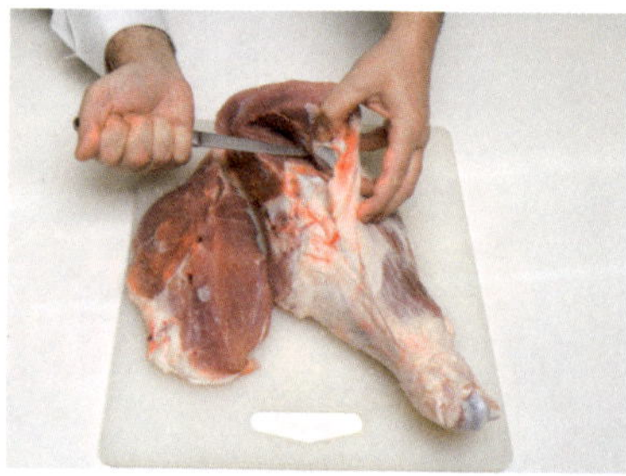

Inciser

Consiste em cortar o alimento com o intuito de recheá-lo. Faz-se uma incisão com uma faca afiada que garanta precisão para que depois sejam deslizados, pela fenda, um dente de alho ou filetes de trufa, por exemplo.

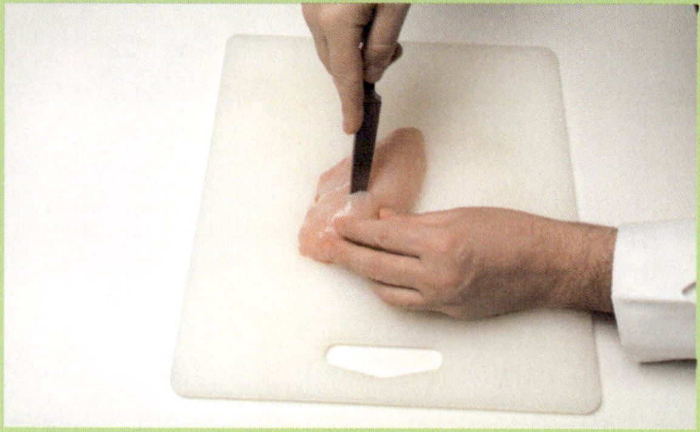

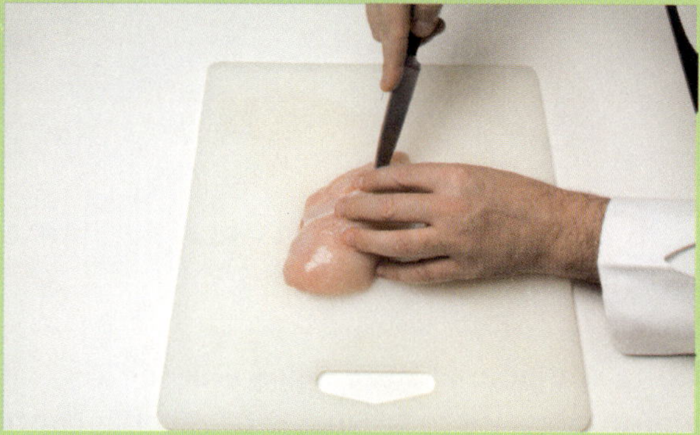

Ciseler

No caso dos vegetais, consiste em fatiar finas lâminas de folhas, legumes ou ervas.
Já para carnes em geral, a técnica auxilia a cocção com cortes oblíquos nas capas de gordura (principalmente usado em peça como magret/picanha).

Trancher

É o fatiar, de tamanho um pouco mais grosso e rústico, usado para carnes, pães e bolos.

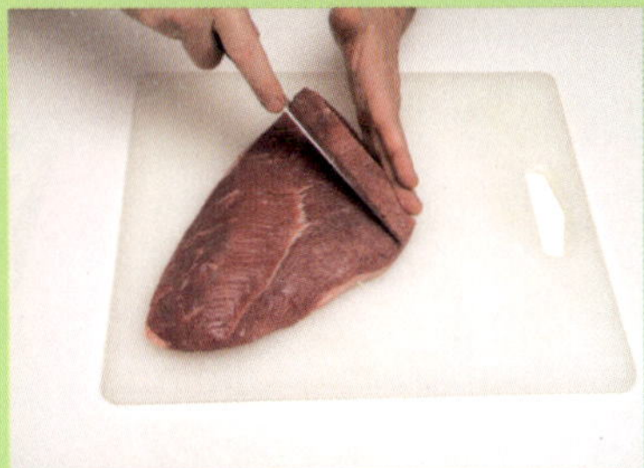
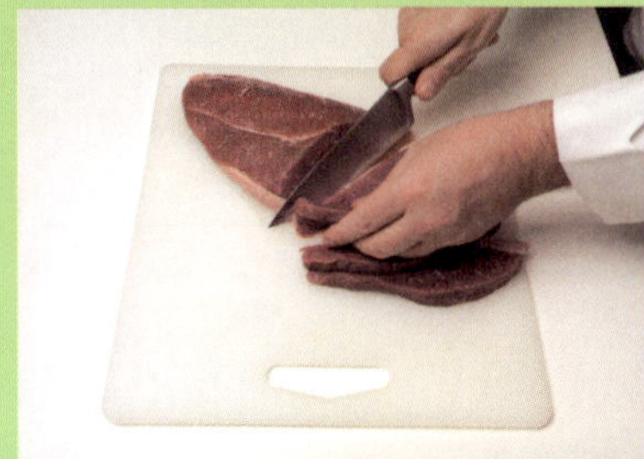

Emincer

Corte em lâminas ou rodelas finas de vegetais, frutas ou carnes. Em geral, usam-se uma faca e uma tábua de corte, mas é possível encontrar equipamentos com discos de aço que cortam alimentos em fatias finas.

Eplucher

É usado para descascar vegetais (do tipo cenouras e pepinos), isto é, retirar a casca não comestível de determinado vegetal.

Monder

A técnica é utilizada para retirar pele e sementes de um vegetal, como as do tomate. Com a ajuda de uma peneira, mergulha-se o fruto durante alguns segundos em água fervente e, em seguida, em água gelada, para parar a cocção. Esse procedimento faz com que a pele se solte facilmente. A faca deve ser usada com delicadeza para puxar a película sem perfurar a polpa.

Veja, agora, outros tipos de corte de vegetais, comumente usados.

(1) hacher (cebola); (2) concassé (tomate); (3) mirepoix (corte em cubos grosseiros de 1 cm de lado para guarnição aromática); (4) macedônia (corte de vegetais em cubos delicados de 1 cm de lado); (5) julienne – abobrinha (corte em bastonetes finos); (6) brunoise (corte de vegetais em cubos de 1 mm a 3 mm de lado)

Técnicas de cocção

Cocção é a transferência de energia de uma fonte de calor para o alimento. Como já vimos, essa energia vai modificar as estruturas moleculares dos alimentos, provocando mudanças nos sabores, aromas, texturas e aparência, melhorando o paladar e facilitando a ingestão e a digestão.

A cocção serve também para destruir microrganismos nocivos, tornando os alimentos próprios para o consumo. Existem três grandes métodos de cocção: sob calor úmido, por calor seco e o misto.

1) A COCÇÃO POR CALOR ÚMIDO (VAPOR E ÁGUA) REÚNE AS SEGUINTES TÉCNICAS:

Pocher (imersão em líquido quente, no mínimo, 65 °C e, no máximo, 85°C)
Aplicação: recomendado para alimentos frágeis, como peixes, ovos, filé de frango e massas recheadas.
A técnica mais utilizada no cozimento pocher é o court-bouillon, composto de água, vinho, bouquet garni (salsa, tomilho e louro).
Pratos tradicionais: ballottines, cocção a vácuo.

Mijoter (imersão em líquido quente, no mínimo, a 85 °C e, no máximo, a 95 °C, com leves bolhas na superfície do líquido de cocção)
Aplicação: método mais rápido que o pocher, usado para cortes de carne mais duras e para legumes mais resistentes.
O banho-maria pode ser incluído nesta categoria, mas serve para alimentos mais delicados e não inclui o contato com o líquido de cozimento.
Pratos tradicionais: pot-au-feu, cozido, feijoada.

Ferver (imersão em líquido quente a 100 °C, com grandes bolhas na superfície do líquido de cocção sob pressão a 110 °C)
Aplicação: o líquido em plena ebulição faz com que a troca de calor seja mais eficiente que nas técnicas de pocher e mijoter. Por causa da ebulição mais vigorosa, o tempo de cozimento do alimento é menor.
É usado principalmente para pré-cozimento de vegetais, o que se chama em francês de *blanchir*, termo abrasileirado para "branjir" nas cozinhas do país inteiro.

Vapor (contato com vapor d'água gerado pela ebulição de líquido dentro de um recipiente ou por injeção de vapor, no caso dos fornos combinados)

Aplicação: neste caso, a troca de calor é menor, visto que o alimento não é colocado em imersão em um líquido. No entanto, o cozimento em fornos combinados é mais rápido, porque a troca de calor é mais eficiente em função do aumento da pressão dentro do forno e da circulação forçada do vapor. Pode ter duas funções: a troca de calor e a veiculação de aromas, caso sejam acrescentados elementos aromáticos ao líquido.

É usado para cozinhar alimentos mais frágeis, pois a temperatura mantém-se constante e o alimento não precisa ser deslocado durante a cocção.

Pratos tradicionais: filé de peixe montado em formato de rosa, preparos finos com montagem e acabamento delicados.

2) A COCÇÃO POR CALOR SECO (CONTATO DIRETO COM A FONTE DE CALOR) ENVOLVE ESTAS TÉCNICAS:

Assar (alimento envolvido pelo ar quente do forno)
Aplicação: o roasting serve para alimentos de grandes proporções, como cortes maiores de carne e aves inteiras; o baking é usado para alimentos de pequenas proporções, como bolos, pães, tortas, frutas e legumes.

Gratinar (a fonte de calor fica acima do alimento)
Aplicação: é utilizado para finalizar pratos e criar uma crosta na superfície de alguns preparos. O equipamento mais apropriado para gratinar é a salamandra.
Pratos tradicionais: lasanha, cassoulet, entre outros.

Grelhar (na churrasqueira, o calor é irradiado das laterais ou da parte de baixo da grelha)
Aplicação: é usado em alimentos porcionados, deixando um sabor ligeiramente defumado e estrias de cor mais tostada. Os grills aquecem por meio de resistência elétrica, pedras superaquecidas, gás, carvão mineral ou vegetal.
Pratos tradicionais: kebab, entrecôte.

Frigir – braiser, pan frying (fritar na frigideira: a camada de gordura quente transfere o calor para o alimento)
Aplicação: trata-se de uma forma de fritar usando pouca gordura, cuja temperatura não deve ser alta demais, sob risco de queimar o alimento por fora sem cozinhá-lo por dentro. O uso mais comum ocorre em bifes, filés de peixe e peito de aves.

Fritar (a gordura quente, entre 160 °C e 180 °C, transfere o calor para o alimento por convecção e imersão)
Aplicação: a quantidade de fluido de cocção deve ser avaliada a fim de permitir que os alimentos flutuem livremente dentro da gordura quente até atingirem uma cor dourada e uma crosta crocante. É preciso ter cuidado com o tipo de gordura utilizada, pois algumas têm ponto de queima abaixo da faixa 160 °C-180 °C. Nesse caso, é necessário verificar o ponto de queima ou utilizar gorduras próprias para fritura.
Fritadeiras elétricas ou a gás são equipadas com termostatos para controle da temperatura.
Pratos tradicionais: batata frita, pastéis, empanados à milanesa.

Sauter (saltear pequenos pedaços uniformes de alimentos macios, em movimento constante, com condução de alta temperatura por meio de pouca gordura)
Aplicação: a temperatura alta cozinha com mais rapidez, consegue manter os sucos naturais dos alimentos em seu interior e permite o douramento e a selagem. As frigideiras de abas largas facilitam o movimento característico de rotação.
Pratos tradicionais: batata, champignons, selagem de pequenos cortes de carne.

Stir-fry na wok (como a wok é uma panela de formato côncavo, o calor é distribuído por condução com grande eficiência a partir de seu fundo arredondado)
Aplicação: método de cocção extremamente rápido que distribui o calor uniformemente em virtude do formato da *wok*, possibilitando que os alimentos sejam "revirados" com pouca gordura. Os alimentos usados nesta técnica devem ser cortados em pequenos pedaços e trabalhados em quantidades menores.

3) A COCÇÃO MISTA (UTILIZAÇÃO CONJUNTA DE DOIS MÉTODOS) INCLUI AS SEGUINTES TÉCNICAS:

Estufar (alimento posto para dourar em pouca gordura, em uma panela, frigideira ou chapa muito quente)
O alimento é preparado em cortes grandes de, no mínimo, 500 g, ou com uma peça inteira para formar uma crosta, num processo chamado de selagem. Depois disso, a peça deve ser colocada em uma panela ou recipiente com tampa, adicionando-se líquido e uma guarnição aromática. Estufar é um método de cocção que combina condução e convecção.
Aplicação: o volume de líquido adicionado deve corresponder a um terço ou metade da altura da peça. Tampa-se bem o recipiente. O cozimento final deve ser em temperatura baixa. O cozimento lento e uniforme favorece a coagulação das proteínas e o amaciamento das fibras musculares, sem diminuir a umidade do alimento, deixando a peça macia e suculenta e o molho ou caldo de cocção aromático e saboroso.
Pratos tradicionais: barreado, paleta de cabrito.

Guisar (similar a estufar, mas com o uso do alimento em cortes muito menores)

Os pedaços são selados por condução, cobertos com líquido e cozidos em fogo baixo por convecção.

Aplicação: a eficiência da troca de calor entre o exterior e o interior do alimento é favorecida pelo tamanho menor das peças a serem cozidas, o que torna o processo mais rápido que o do estufar. O líquido aromático de cocção quase sempre chega ao ponto final de cocção simultaneamente à textura modificada, pronto para ser servido como molho.

Pratos tradicionais: picadinhos, navarin, ensopados, ragu, boeuf bourguignon.

Ao bafo ou à l'étuvé (dourar em uma panela, com pouca gordura, alimentos mais frágeis e de cocção curta.)

Ao atingirem o ponto de coloração desejado, são "abafados" com tampa, para chegarem ao ponto de cocção pela evaporação da própria umidade.

Aplicação: esta técnica mista é usada, principalmente, em frutos do mar e vegetais, concentrando os sabores.

Pratos tradicionais: mariscos a la marinière, cenoura, ervilhas frescas.

Outras tecnologias de cozimento

Radiação por micro-ondas – Indicada para cozimento de alguns tipos de legume, preparo de pratos com maior quantidade de líquido (sopas), reaquecimento de alimentos pré-preparados e derretimento de chocolate.

Nesta técnica, ondas eletromagnéticas atingem o interior do alimento, provocando vibrações em suas moléculas; o atrito gera calor no líquido do alimento – água, no caso de vegetais, e sangue, no caso de carnes, aves e peixes. Ocorre um bombardeio de ondas eletromagnéticas, chamadas micro-ondas, extremamente velozes na transmissão de calor dentro do alimento.

Em peças grandes (superiores a 6 cm de diâmetro), não é recomendável sua utilização, pois o cozimento não é uniforme. Pela diferença entre a velocidade da troca de calor por condução e a troca por radiação (um ponto já aquecido tem tendência a captar mais micro-ondas que um ponto frio), o alimento acaba queimando em alguns pontos e permanecendo cru em outros. Além disso, nesse caso não ocorre a reação de Maillard, o que deixa os alimentos sem a cor dourada e com gosto tostado.

Troca de calor por indução – A maior diferença entre o processo de indução magnética e outros de transmissão de calor é o local em que esse calor é gerado. Nos fogões a gás e nos elétricos, ele é produzido em um queimador e transferido para a panela e seu conteúdo. Já o processo de transferência de calor por indução magnética é totalmente diferente. Essa tecnologia consiste na produção de eletricidade a partir da ação de um condutor em um campo magnético oscilante: o resultado é um eletroímã.

Os fogões de indução funcionam da mesma maneira: bobinas localizadas logo abaixo dos queimadores portam corrente alternada e criam um campo magnético mutável. Quando panelas ricas em ferro, ou ferromagnéticas, são colocadas nesse campo, elas servem como segundas condutoras da corrente, provocando choques em seus átomos metálicos.

O uso dessa técnica exige utensílios de cocção produzidos a partir de excelentes materiais condutores, a fim de se obter o máximo de resultado na produção de calor. Para saber se uma panela é apropriada, basta passar um ímã em sua superfície: ele será atraído, se a panela possuir a quantidade adequada de material ferroso. Os benefícios da nova tecnologia são a economia de energia, o não aquecimento do ambiente de preparação, a eficiência na distribuição do calor na panela e a maior velocidade na troca de calor com o alimento.

Aplicação: como o princípio da indução diz respeito ao utensílio, e não ao processo de cozimento, a técnica é aplicável a todos os métodos de cocção que utilizem frigideira ou panela.

Molhos: categorias e preparo

Os molhos constituem as bases da culinária, seja na fase de preparo, seja na finalização dos pratos. Podem ser agrupados em três grandes categorias: marinadas, manteigas e molhos propriamente ditos.

A seguir, você conhecerá as grandes categorias de molhos e suas variações, por tipo de preparo.

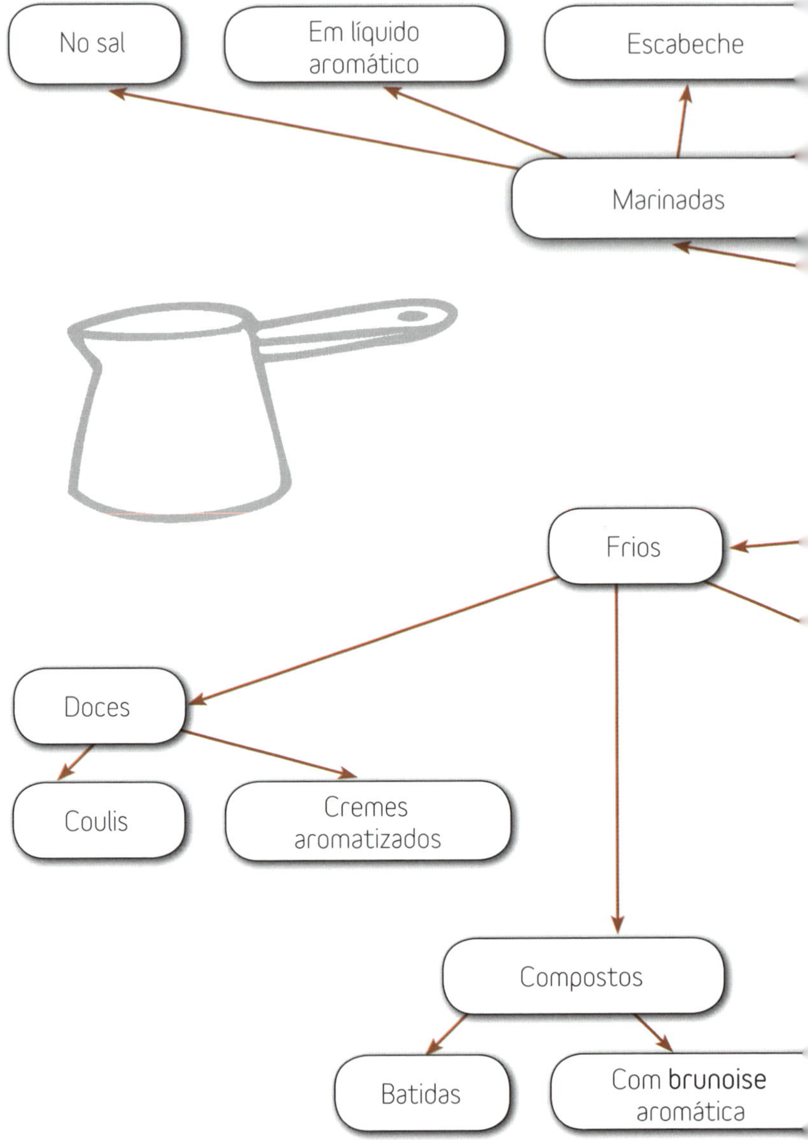

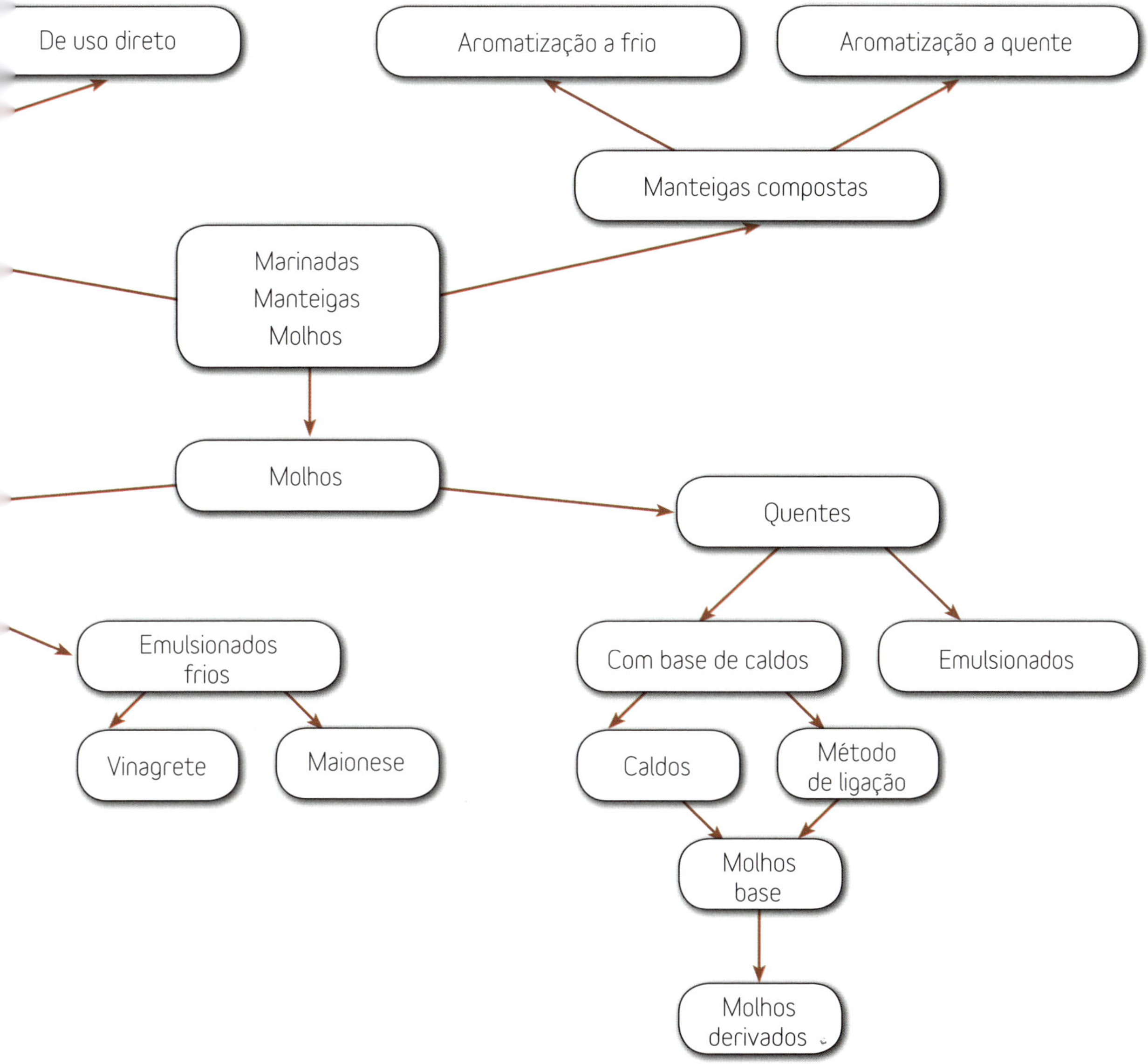
De uso direto
Aromatização a frio
Aromatização a quente
Manteigas compostas
Marinadas
Manteigas
Molhos
Molhos
Quentes
Emulsionados frios
Com base de caldos
Emulsionados
Vinagrete
Maionese
Caldos
Método de ligação
Molhos base
Molhos derivados

As marinadas são preparações para contato ou imersão com os objetivos de dar sabor ao alimento que será preparado, amaciar as fibras e aumentar o tempo de conservação. Existem diversas técnicas de preparo, como veremos a seguir.

Cada tipo tem um objetivo e um modo próprio de emprego.

No sal	Em líquido aromático
Esta preparação tem como objetivo inicial o aumento do tempo de conservação dos alimentos tratados. Nos últimos anos, esta técnica foi aproveitada para "desidratar", pela ação do sal, matérias-primas que, assim, serão parcialmente trabalhadas, sem necessidade de cozimento. A técnica consiste em colocar filés de peixe, peito de aves ou escalopes de carne para marinar entre 6 h e 12 h sob uma camada de sal grosso temperado, utilizando-se a antiga técnica de salga. A mistura do sal deve ser na proporção de 500 g de açúcar por 1 kg de sal, acrescentada de ervas aromáticas e líquidos aromáticos de sabor marcante. Exemplo: 1 kg de sal + 500 g de açúcar mascavo + coentro + pimenta rosa + gim. Esta marinada deverá ser utilizada sobre peças de, pelo menos, 3 cm a 5 cm de espessura.	Esta preparação tem como objetivo amaciar e dar sabor por meio de imersão. A marinada pode ser crua ou cozida. A marinada crua é composta de um líquido aromático + uma guarnição aromática. Para um resultado uniforme, a imersão deverá ser total. O líquido aromático servirá de base ao caldo de preparação do molho que acompanhará as peças marinadas. Para fazer marinada cozida, deve-se apenas refogar e ferver rapidamente a guarnição aromática com o líquido aromático escolhido, para concentrar o sabor e intensificar a penetração. Esta preparação deverá ser resfriada antes de entrar em contato com as peças a serem marinadas. Exemplos: a) Cebola picada, alho picado, salsa, alecrim, suco de limão e azeite; b) Cebola picada, vinho branco, açúcar mascavo, extrato de tomate e óleo; c) Mostarda, vinho do Porto, suco de limão e caldo base.

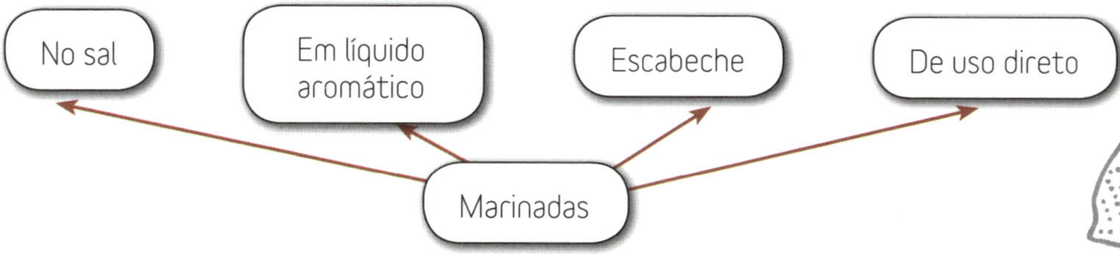

Escabeche	De uso direto
Esta preparação foi por muito tempo "esquecida" pelos grandes chefs em virtude de seu uso, típico em peixes. Nos últimos anos, esta técnica foi utilizada também em aves, para se obter matérias-primas saborosas na montagem de saladas. A técnica consiste numa marinada quente com base de óleo, em que a guarnição aromática é frita antes de ser derramada, ainda fervendo, sobre o elemento a ser marinado. Exemplo: Ao óleo bem quente (170 °C), juntar a guarnição aromática (cebola, alho, pimenta fresca, cenoura, ervas aromáticas e sal) e 300 mL de vinagre por litro de óleo. Deixar "ferver" por 10 minutos e derramar, ainda quente, sobre o elemento a ser marinado.	Esta preparação tem como objetivo amaciar e dar sabor por meio do contato com uma guarnição aromática por tempo mais ou menos longo. Exemplos: a) Cebola picada, alho picado, salsa, alecrim, suco de limão e azeite; b) Cebola picada, vinho branco, açúcar mascavo, extrato de tomate e óleo; c) Mostarda, vinho do Porto, suco de limão e caldo base.

MANTEIGAS COMPOSTAS

As manteigas derretidas são a solução mais rápida para se preparar um "líquido de acompanhamento" para os pratos quentes. Pela facilidade de execução, pode-se criar uma infinidade de variantes, tendo o cuidado de sempre se respeitar o paladar original do elemento a ser acompanhado. As manteigas compostas podem ser aromatizadas a frio ou a quente.

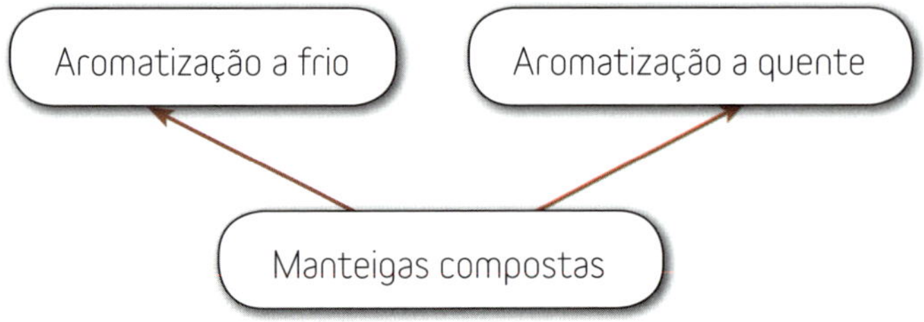

Aromatização a frio	Aromatização a quente
Nesta preparação, as variantes são as guarnições aromáticas incorporadas à massa de manteiga em "pomada", numa proporção de 20%. Exemplos: a) Manteiga em pomada + alho picado e peneirado = manteiga de alho. b) Manteiga em pomada + manjericão + alecrim batido no multiprocessador = manteiga de ervas. c) Manteiga em pomada + cebola roxa cozida no vinho tinto com redução a seco = manteiga marchand de vin.	Existem duas técnicas de preparo quente: a variante deve-se aos usos distintos da manteiga. • **Manteiga derretida com guarnição aromática:** esta preparação consiste em derreter a manteiga até certo ponto de coloração por cocção e incorporar a guarnição aromática. Nota: esta técnica permite o uso de ingredientes aromáticos que perdem a rigidez durante o processo de redução, como funcho, cogumelos e azeitonas. Exemplos: a) Manteiga corada (cor noisette) + alcaparras = manteiga de alcaparras. b) Manteiga corada (cor noisette) + amêndoas filetadas = manteiga de amêndoas. • **Manteiga batida com base de redução aromática:** esta técnica é pouco usada em razão da instabilidade de sua textura. Consiste em emulsionar uma base aromática reduzida e ainda quente com cubos de manteiga gelada. Exemplos: a) Redução de cebola picada + vinho branco + cubos de manteiga incorporados a quente batidos com fouet = beurre blanc. b) Redução de cebola picada + brunoise de salmão defumado + vinho branco + cubos de manteiga incorporados a quente batidos com fouet = beurre de salmão.

MOLHOS

Os molhos são preparações de textura mais ou menos líquida, com sabores harmonizados de acordo com o elemento principal de uma receita, que podem ser servidos frios ou quentes.

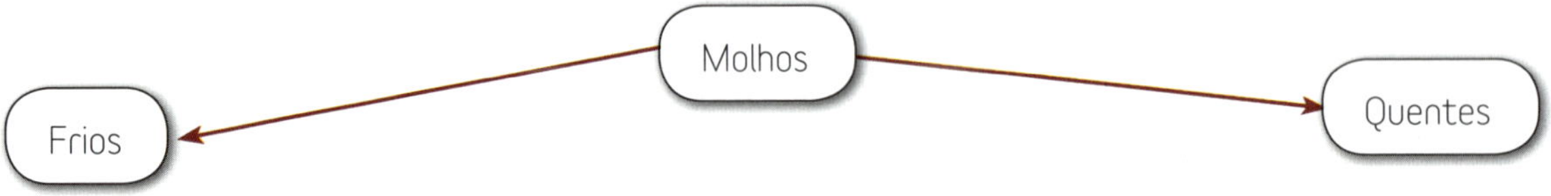

Molhos frios

São servidos numa temperatura sempre inferior a 15 °C. Existem três tipos básicos de molhos frios, como veremos a seguir.

Molhos quentes

Servidos em temperatura acima de 65 °C, os molhos quentes podem ser feitos a partir de uma base de caldos ou de emulsão. Quando se junta um molho base a uma guarnição aromática, obtêm-se os molhos derivados, que você verá adiante.

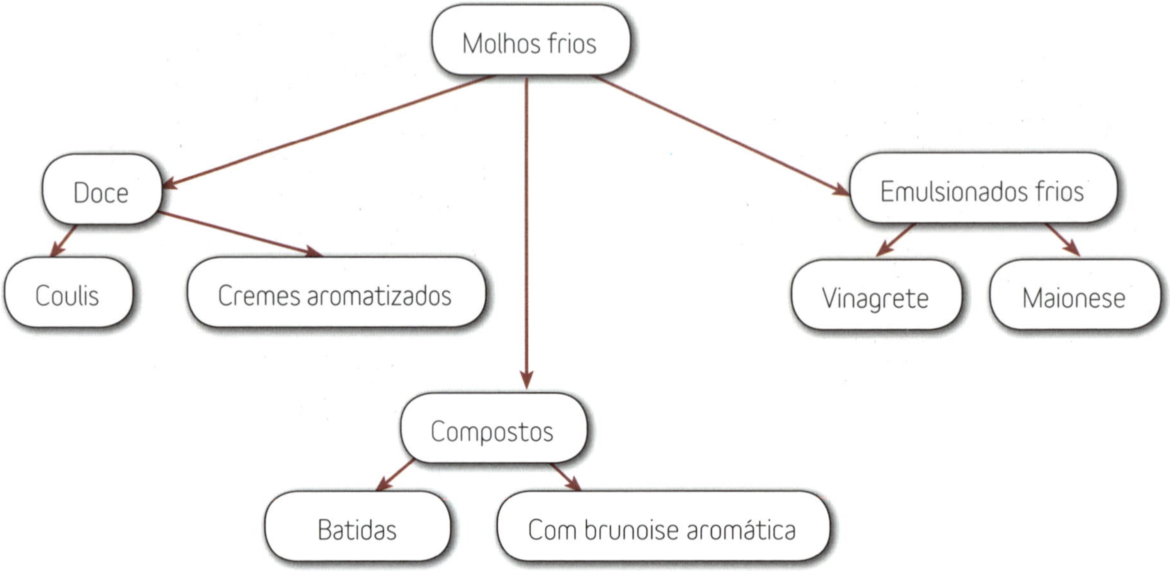
Molhos frios
Doce
Coulis
Cremes aromatizados
Emulsionados frios
Vinagrete
Maionese
Compostos
Batidas
Com brunoise aromática

Molhos frios					
Doces Preparações usadas para acompanhar sobremesas e como base de sorvetes artesanais.		**Compostos** Preparações em que o elemento principal define, além do sabor, a textura final do molho.		**Emulsionados** Preparações "batidas" a frio com adição de óleo ou azeite até se obter uma textura mais encorpada.	
Coulis	**Cremes aromatizados**	**Batidas**	**Com brunoise aromática**	**Vinagrete**	**Maionese**
Preparação de vegetais batidos no liquidificador com o mesmo volume de calda de açúcar base (1/1). Exemplo clássico: Coulis de morango e manga	Preparação com base de gemas de ovo, açúcar e leite engrossado a quente e aromatizado. Exemplo: Crème anglaise e molho de café	Preparação na qual o elemento principal é amassado, triturado, passado na peneira e batido com líquido aromático. Exemplo clássico: Pesto (coulis de vegetais)	Preeparação na qual os elementos principais são cortados em brunoise e temperados com um líquido aromático. Exemplo clássico: Molho campanha e molho ravigote	Preparação emulsionada cujo elemento de base é uma "massa" aromática (mostarda, iogurte, purê de vegetais) diluída com um elemento cítrico (vinagre, vinho branco ou suco de frutas) e temperado a gosto (condimentos, líquidos aromáticos, ervas e especiarias)	Preparação emulsionada na qual o elemento de base é a gema de ovo (crua ou cozida), temperada a gosto (p. ex., com líquido aromático, ervas e especiarias)

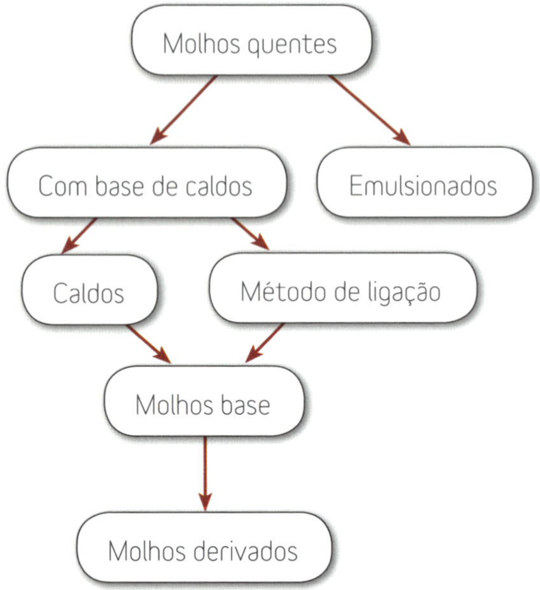
Molhos quentes
Com base de caldos
Emulsionados
Caldos
Método de ligação
Molhos base
Molhos derivados

Bases de caldos	
Além do uso dos caldos propriamente ditos, as bases podem ser transformadas em diversos tipos de molhos obtidos com as técnicas de ligação.	
Caldos	**Método de ligação**
São preparados de acordo com os elementos principais de uma receita e divididos em dois grupos: claros e escuros. Outras particularidades e características dos caldos e suas técnicas de preparação serão apresentadas separadamente. **Claros:** Preparações compostas de ossos e aparas do elemento principal escolhido, molhados com água fria e líquido aromático (em geral, vinho branco), acrescentados de uma mirepoix aromática e fervidos suavemente por três horas, para ajustar o sabor. Exceção: os caldos claros de peixe e frutos do mar não deverão ultrapassar 30 minutos de cocção. **Escuros:** Preparações compostas de ossos e aparas do elemento principal escolhido, misturados com uma mirepoix aromática e "torrados ao forno", molhados com água fria e líquido aromático (em geral, vinho tinto), fervidos suavemente por 3 horas para ajustar o sabor. Exceção: os caldos escuros de peixe e frutos do mar não deverão ultrapassar 30 minutos de cocção. **Glace:** São reduções de pelo menos 80% dos caldos, permitindo concentração de sabores e ganho de tempo na hora da utilização.	Técnicas de "engrossamento" dos líquidos de base (que somente após essa operação poderão ser chamados de molho). • Roux claro: Manteiga derretida misturada com farinha de trigo e cozida por 15 minutos sem escurecer. • Roux escuro: Manteiga derretida e corada misturada com farinha de trigo e cozida por 15 minutos. • Beurre manié: Manteiga misturada a frio com farinha de trigo. • Féculas: Amido de arroz, de milho, de batata, etc. diluído em líquido aromático. • Purê de vegetal: Vegetal amassado e passado na peneira misturado ao líquido de cocção para formar o molho final • Ovos e sangue: Engrossamento por coagulação de proteínas. Os líquidos devem ser trabalhados, no máximo, à temperatura de 90 °C para evitar a floculação. • Redução: Líquido de sabor e textura concentrados em virtude de evaporação: base de concentração de 50%.

Tipos de caldo		
Elemento principal	**Claro**	**Escuro**
Carnes	Ossos, aparas de carne e vinho branco. Cocção longa: 3 h	Aparas e ossos torrados e molhados com vinho tinto. Cocção longa: 3 h.
Aves	Ossos, aparas de frango e vinho branco. Cocção longa: 3 h	Caldo de pato ou faisão: aparas e ossos torrados e molhados com vinho tinto. Cocção longa: 3 h.
Peixes	Fumet: base de espinhas e/ou cabeças de peixe e vinho branco. Cocção curta: 30 min	Igual ao fumet. O vinho tinto é usado como elemento líquido aromático.
Frutos do mar	Cocção de moluscos bivalves e vinho branco. Cocção curta: 30 min	Caldo de camarão, lagosta, etc. Aparas de cascas de crustáceos, molhadas com vinho branco, trituradas e coadas após cocção longa.
Vegetais	Mirepoix aromática e vinho branco. Usada na preparação de vegetais e/ou no caso de restrição alimentar. Cocção curta: 30 min	Não tem uso. Será substituído por molho de tomate.

Molho base		
Para ser considerado um molho base, o caldo precisa passar por um processo de ligação. A intensidade do sabor será regida pelo tempo de redução.		
Elemento principal	**Claros**	**Escuros**
Carnes	Velouté de carnes: roux claro + caldo claro.	Espanhola: roux escuro + caldo escuro + tomate concassé. Demi-glace: molho espanhol reduzido a 50% do volume inicial. Jus de carne: caldo reduzido a 75% ligado com fécula e líquido aromático.
Aves	Velouté de aves: roux claro + caldo claro.	O molho recebe o nome em decorrência do caldo utilizado (molho de pato, faisão). Usar o respectivo caldo + roux escuro.
Peixes	Velouté de peixes: roux claro + fumet.	De pouca utilização, é chamado de molho de peixe ao vinho tinto: caldo escuro de peixe + roux escuro.
Frutos do mar	Velouté de frutos do mar: cocção de moluscos + roux claro.	Bisque: caldo de camarão + roux escuro.
Vegetais	Velouté de legumes: caldo de legumes + roux.	Molho de tomate: purê de tomate temperado + redução.

Nota: o molho bechamel, considerado um molho base, é elaborado com roux claro e leva leite temperado em lugar do caldo, sendo a base comum do molho branco.

Molhos derivados

Os molhos derivados são a conjunção de um molho base com uma guarnição aromática, a qual definirá os sabores e o nome final do molho. A lista de molhos derivados com nomes definidos é extensa e difícil de ser conhecida em sua totalidade. Aconselhamos o profissional a criar seu próprio glossário com o nome e a composição dos molhos derivados ao longo de sua carreira, com base na experiência pessoal obtida com o passar dos anos. Decorar a terminologia sem praticá-la não desenvolve a memória gustativa. A única maneira de se conhecer um molho clássico é usando o paladar, e só se pode desenvolver esse conhecimento depois da degustação.

Molhos clássicos com nome definido

Julienne de champignon + julienne de presunto + pimenta dedo-de-moça + vinho madeira = guarnição aromática.

Guarnição aromática + demi-glace + purê de tomate = molho zingara.

Molhos clássicos com elemento de guarnição definindo o nome

Champignon refogado + cebola + alho + tomilho = guarnição aromática.

Guarnição aromática + demi-glace = molho de champignon.

Molho clássico com nome de uma região

Cebola + alho + tomate concassé + salsa picada = guarnição aromática.

Guarnição aromática + molho de tomate + glace de carne = molho à portuguesa.

Molhos clássicos oriundos de uma matéria-prima e de uma região

Maçã + curry + leite de coco + coco ralado = guarnição aromática.

Guarnição aromática + velouté de aves + creme de leite = molho ao curry ou molho indiano.

Molhos quentes emulsionados

Preparações que têm como base a emulsão de gemas de ovo encorpada com manteiga clarificada. Os dois molhos básicos obtidos a partir do processo de emulsão são: hollandaise e béarnaise, que podem ter algumas variações e derivações.

Molho base hollandaise

Redução aromática de vinagre + pimenta-do-reino quebrada + sal, batidos com gemas de ovo em banho-maria a uma temperatura máxima de 55 °C e encorpados com manteiga clarificada. Como a ligação deste molho se realiza por meio de cocção progressiva das gemas, é importante não ultrapassar o ponto de "floculação".

Molhos derivados com base no líquido de redução: o vinagre será substituído por outro líquido aromático (como vinho branco, vinho tinto, licores, suco de frutas, etc.)

Aromatização após a emulsão: alguns condimentos ou sabores deverão ser acrescentados depois da emulsão (como mostarda, purê de frutas, essências naturais, etc.)

Molho base béarnaise

A diferença básica entre este e o hollandaise é a redução, muito mais rica no béarnaise.

Guarnição aromática: vinho branco, vinagre, cebola picada, estragão, pimenta-do-reino quebrada e sal.

Nota: a substituição da pimenta quebrada pela moída no fim da emulsão permite que o molho seja servido sem ser peneirado, com melhor aproveitamento da redução aromática.

Molhos derivados: a exemplo do hollandaise, a maior variante será a troca dos elementos de redução, como líquido aromático, ervas aromáticas, especiarias ou condimentos.

Nota: atualmente, é tendência mundial reduzir o uso de gorduras nos molhos, tornando-os mais leves e de digestão mais fácil. Por outro lado, produtos espessantes antes exclusivos da indústria começam a ser utilizados em restaurantes, como a xantana. Produzida por uma bactéria que fermenta o milho, a xantana é um espessante poderoso, usado em proporções mínimas, não alterarando o sabor dos alimentos.

Montagem e apresentação de pratos

Como se diz por aí (e parece ser verdade), começamos a comer com os olhos. Uma boa apresentação, então, só tende a valorizar o produto. Cores, texturas, composição espacial são fatores que contam pontos na hora de montar um prato. Isso sem falar na combinação dos alimentos, nos métodos de cocção, nos molhos, nos temperos.

A seguir, você poderá ver alguns tipos de montagem.

Montagem espelhada *– Aqui os elementos são apresentados de forma simétrica, de frente uns para os outros, respeitando a mesma disposição e, se possível, o mesmo tamanho.*

Montagem circular *– os elementos a serem apresentados são fatiados de forma regular e arrumados em volta do ponto central do prato, dando uma sensação de movimento circular.*

Montagem com número ímpar *– Em volta de uma arrumação central, dispõem-se os mesmos elementos de forma geométrica em quantidades ímpares, geralmente três ou cinco.*

Montagem linear com agrupamento sequencial ou intercalado – *Neste caso, usa-se o fator repetitivo na disposição dos elementos, formando uma sequência harmoniosa.*

Montagem com contraste – *Aqui se demonstra bem a necessidade de variar as cores dos elementos para se obter um resultado muito mais atraente.*

Montagem com volume e altura – *Neste caso podemos reparar que a quantidade do elemento central do prato à direita foi trabalhada para dar volume, mas com sensação de leveza. Em compensação, o prato à esquerda parece ser plano.*

Planejamento de menus

Quando se trabalha há algum tempo na profissão, sempre surge o momento decisivo da criação de um menu, em consequência de uma solicitação da família e dos amigos ou de uma necessidade de serem iniciados novos negócios.

Para se elaborar um menu é preciso, antes de tudo, considerar os seguintes fatores:

A razão do evento

Não precisa haver um motivo especial para receber, mas, para a escolha do tipo de menu e de serviço a ser oferecido, é preciso determinar se o convite é relativo a uma homenagem, um aniversário, um noivado, um casamento, um batizado, uma formatura, uma reunião profissional ou apenas um encontro com amigos.

A época do ano

Os convidados vão apreciar muito mais os pratos se estes estiverem de acordo com o clima (frio ou quente).

O tipo de cliente

É essencial saber se o público é composto de pessoas formais ou informais, amigos íntimos ou distantes, pessoas da família ou não e qual a sua faixa etária.

"Depois da abertura de tantas faculdades, o mercado terá uma peneira muito grande. O desafio dos cozinheiros é valorizar mais ingredientes de sua região, fazendo nascer a verdadeira gastronomia brasileira contemporânea."

Chef Marcia Pinchemel, *restaurante Le Bistrô, Pirenópolis/GO*

O tipo de serviço

A escolha do serviço (à americana, à francesa ou empratado) depende do tipo de público, do número de convidados e do espaço disponível para a realização do serviço. Os menus variam conforme o tipo de serviço que será realizado. Não vale a pena preparar uma feijoada para cinco pessoas, e tampouco é recomendável a preparação de um jantar empratado para uma comemoração de formatura.

O orçamento

Existem muitas opções para criar um menu de acordo com a disponibilidade financeira. Nem sempre ingredientes caros vão garantir o sucesso do evento. Por outro lado, ingredientes econômicos, se forem bem trabalhados, podem surpreender os comensais.

ESTRUTURA TRADICIONAL DO MENU

O menu deve ser elaborado de forma a suprir as necessidades nutricionais e proporcionar prazer. É importante lembrar que, em geral, uma refeição é composta por uma sequência de pratos: da entrada ao prato principal, o ponto culminante da refeição, a intensidade dos sabores vai se acentuando. Após o prato principal, os sabores devem ser atenuados, tornando-se bastante suaves na sobremesa. Em seguida, complementa-se a refeição com um digestivo de bom paladar. Apresentamos uma tradicional sequência de pratos:

Hors-d'oeuvre

Acompanha os aperitivos e ajuda a preparar o apetite dos convidados para a refeição que virá a seguir. Pode ser frio (musses, terrines, patês, embutidos) ou quente (folhados, empanados, salgadinhos), respeitando-se as quantidades, pois serve somente de introdução a pratos mais substanciais. As mais variadas matérias-primas podem ser utilizadas, com exceção das doces.

Entrada

É o início propriamente dito da refeição. Deve ser servida em quantidade limitada, de modo a permitir que os convidados possam degustar os demais pratos e a sobremesa. Deve-se levar em consideração o que será servido como prato principal, para que haja harmonia. Existem dois tipos de entradas: frias e quentes.

As matérias-primas comumente usadas para o preparo de entradas frias são legumes, frutas e hortaliças cruas, representando o grupo das saladas. Podem ainda ser considerados os preparos em que o denominador é o fator principal: nesse caso, as frutas, os legumes e as hortaliças entram como guarnição aromática ou elemento decorativo. Como exemplos desses elementos denominadores – que também poderão ser servidos sozinhos – temos peixes, carnes marinadas, embutidos, defumados, crustáceos, moluscos, miúdos, entre outros.

Nas entradas frias há outras preparações clássicas mais elaboradas, como terrines, musses, patês, aspic, carpaccio e peixe em escabeche. Neste tipo de entrada encontramos ainda as sopas frias, tais como gaspacho vichyssoise, de pepino com iogurte, etc.

É importante lembrar que, para todas as saladas e preparos citados, o uso de molhos frios apropriados constitui um complemento obrigatório.

Em relação às entradas quentes, a variedade de matérias-primas e de modos de preparo é infinita. Basicamente todas as entradas quentes são constituídas por um elemento principal (ovos, laticínios, carnes, peixes, frutos do mar, embutidos, etc.), uma guarnição (massa folhada, brioches, musses quentes, suflês, tortas salgadas quentes) e molhos adequados a cada composição.

Um grupo muito comum de entradas quentes é formado por sopas e cremes. As possibilidades de preparo são múltiplas em razão da variedade de matérias-primas que podem ser usadas.

Prato principal

É a parte mais importante da refeição e a de maior valor nutritivo. No prato principal estão contidos três elementos: pratos quentes (o principal), o de guarnição e o molho. Dependendo das necessidades de apresentação, pode-se utilizar um elemento de decoração. Os grupos de matérias-primas e preparos utilizados são:

Massas (divididas em dois grupos definidos)

a) Macarrão

Recheado (ravióli, capeletti, lasanha, canelone, etc.)

Formado ou cortado (espaguete, talharim, fettuccine, penne, etc.)

b) Pizza recheada (calzone) ou aberta

Principal: Esses elementos principais têm sua denominação definida em função dos fatores de formatação, tipos de cocção e pré-preparo.

Guarnições: As massas devem ser acompanhadas de guarnições, como frios, carnes, peixes e frutos do mar cortados; vegetais cortados; ervas cortadas; queijos e ovos.

Molhos: A variedade de molhos pode ser bem grande, dependendo do sabor que se queira atingir, combinando tanto com o elemento principal quanto com a guarnição escolhida.

Elementos de decoração: Podem ser os próprios ingredientes utilizados no preparo ou ervas, brotos e flores.

Frutos do mar

Principal: Dividem-se em dois grupos: os moluscos e os crustáceos. A ampla variedade de matérias-primas desse grupo pode ser combinada às mais diversas formas de preparo. As peças maiores devem ser valorizadas como elemento principal de uma receita.

Guarnições: Na definição das guarnições, deve-se respeitar seu sabor suave, usando-se em geral legumes, verduras e frutas, massas, cereais, queijos e ovos.

Molhos: Em sua composição devem ser evitados elementos de sabor muito acentuado, com a particularidade de se usar como base os próprios caldos de cozimento.

Elementos de decoração: É comum a presença das próprias conchas ou cascas.

Peixes

Principal: Dependendo do tipo de corte utilizado e do método de cocção empregado, pode ser definido um grande número de preparos. Nestes, deve-se ter a preocupação de manter o sabor original do elemento principal.

Guarnições: São as mesmas utilizadas para os frutos do mar.

Molhos: Também são, basicamente, os mesmos empregados para frutos do mar.

Elementos de decoração: Usando-se a criatividade, a decoração dos pratos pode ser desenvolvida com massa folhada, ervas, queijos gratinados, etc.

Aves

Principal: No caso das aves, podem ser considerados dois grupos importantes: as de carne escura e as de carne branca. As primeiras, por sua origem selvagem, têm sabor mais acentuado e requerem muita atenção na preparação e tempo de cozimento maior. As segundas, além de serem as mais usadas em seu estado natural, também se encontram defumadas no mercado, proporcionando excelentes opções na elaboração de pratos. Ao contrário das carnes escuras, com as carnes brancas podem ser utilizados todos os métodos de cocção.

Guarnições: As mais comumente utilizadas para aves são frutas, legumes e verduras; massas, cereais, cogumelos e até frutos do mar.

Molhos: Tanto para as aves de carne clara quanto para as de carne escura, os molhos têm base em caldos realizados a partir do cozimento dos ossos. Como frequentemente se utilizam guarnições doces para aves, os molhos deverão considerar esse fator e, quando for o caso, incluir frutas, que darão melhor sabor.

Elementos de decoração: No século XVI, por exemplo, era habitual o emprego de penas de aves como elemento de decoração culinária. Hoje, no entanto, em decorrência da industrialização e da evolução das técnicas culinárias, utilizam-se os próprios elementos de realização do prato como peças decorativas.

Carnes

Principal: As carnes têm origem nos mais diversos grupos e tipos de animais, permitindo com isso variações que satisfazem qualquer paladar. Cada tipo de carne, dependendo de sua maciez, determinará o tipo de cocção adequada para se obter o melhor resultado possível.

Alguns tipos de carne requerem um pré-preparo especial. As carnes de caça, por serem selvagens, devem ser marinadas em líquido aromático, com a finalidade de amaciar as fibras e suavizar o sabor acentuado. As carnes secas, salgadas e desidratadas para conservação têm de ser reidratadas para consumo. As carnes secas são reidratadas durante o cozimento do preparo; já as carnes salgadas são reidratadas por imersão em água fria, antes da cocção, para remoção do sal e amolecimento das fibras.

Guarnições: As mais comuns para as carnes são frutas, legumes e verduras; massas; cereais; cogumelos; e frutos do mar.

Molhos: As bases de preparo dos molhos devem respeitar seu uso final. É necessário incrementar os molhos das carnes com o largo uso de especiarias, condimentos, ervas e vinho, sem esquecer o aproveitamento das marinadas.

Elementos de decoração: Utilizam-se os próprios elementos principais e suas guarnições, além de ervas, brotos, etc.

Pratos típicos

Geralmente, são únicos no preparo e feitos para um número maior de pessoas.

As guarnições também são definidas em função da tradição.

Esses pratos podem ser regionais ou nacionais. Entre os primeiros, encontramos o sarapatel, o tutu à mineira, o bobó de camarão, o vatapá, o pato no tucupi, a carne-seca com abóbora, o arroz de carreteiro e o xinxim de galinha, entre outros. Em relação aos nacionais, podemos listar a feijoada (Brasil), o guisado (Irlanda), a bacalhoada (Portugal), o marisco ao creme (Bélgica), a paella (Espanha), o carneiro assado (Grécia), o chucrute (Alemanha), o gulache de cordeiro (Hungria), o cassoulet (França), o estrogonofe (Rússia), o fondue de queijo (Suíça), o cuscuz (Marrocos), o gravlax (Noruega), o curry de carne (Índia), o ossobuco (Itália), as aves em molho xadrez ou agridoce (China), a kidney pie (Inglaterra) e o sukiyaki (Japão).

Sobremesas

Encerram a refeição e podem ter grande número de variações, como podemos ver a seguir:

- Quentes

a) Massas (crepes, tortas, suflês, etc.)

b) Frutas (flambadas, carameladas, etc.)

- Frias

a) Entremets

- Cremes (musses, pudins)
- Sorvetes (cassatas, taças)

b) Frutas frescas, em calda, secas

c) Bolos

- Massas (floresta negra, etc.)
- Tortas de crosta (frutas, etc.)

Um dos grandes atrativos da sobremesa é sua apresentação, na qual molhos e elementos de decoração têm importância fundamental. O fator visual é extremamente relevante, por ser a sobremesa o último prato servido – e, claro, a lembrança que permanece.

Café / infusões / digestivos

Têm a finalidade de estimular o organismo e, por meio de sua temperatura e/ou teor de álcool, auxiliar a digestão, atuando sobre a gordura ingerida.

PARA ACOMPANHAR OS ALIMENTOS

Os verdadeiros conhecedores de vinho sempre afirmam que "o melhor vinho do mundo é aquele de que se gosta" ou "a melhor combinação entre vinho e comida é aquela que se aprecia". Hoje não existem mais tabus quanto a tomar vinho branco com carnes ou tinto com peixes, mas é sempre bom lembrar que, em certas ocasiões, não podemos fugir à tradição. Por esse motivo, tenha sempre em mente o seguinte esquema: branco leve – peixes; branco encorpado – peixes e molhos brancos; tinto leve – carnes vermelhas; tinto encorpado – caças e carnes vermelhas fortes.

OUTROS TIPOS DE MENU

Lanches

- Quentes

a) Sanduíches (hambúrgueres, carnes, peixes, etc.)
b) Massas (pizzas, empadas, tortas, etc.)
c) Frituras (croquetes, rissoles, pastéis, etc.)
d) Omeletes (com inúmeras combinações)

- Frios

a) Frutas (frescas, em calda, secas)
b) Sanduíches (com recheios, canapés, etc.)
c) Saladas (com inúmeras combinações)
d) Tortas (de frutas, queijos, vegetais, etc.)
e) Frios (embutidos, defumados, queijos, etc.)

Chá da tarde

- Bebidas

a) Quentes
b) Frias

- Massas

a) Pães, bolos, cucas, folhados, danish
b) Tortas doces, biscoitos, petits-fours

- Salgados

Tortas, rocamboles, sanduíches

- Doces

Musses, pudins, sorvetes

- Quentes

a) Salgados (panquecas, empanados, etc.)
b) Doces (panquecas, frutas carameladas, etc.)

- Ovos

Omeletes, ovos quentes, ovos mexidos

- Frutas

Frescas, salada, em calda, secas, etc.

- Frios

Embutidos, defumados, carnes, queijos, etc.

- Complementos

Mel, manteiga, doce de leite, etc.

Além desses princípios e orientações, é importante lembrar que não é o preço das matérias-primas nem o grau de sofisticação do cardápio que farão da recepção um sucesso, e sim a atmosfera do encontro. Quantas vezes já foram vistos banquetes fartos e custosos se revelarem verdadeiros “velórios gastronômicos”, enquanto uma simples macarronada caseira pode ser pura alegria, pelo fato de os convidados estarem à vontade. Lembre-se de que, ao oferecer uma recepção, a primeira pessoa a se sentir satisfeita deve ser o anfitrião. Tenha sempre em mente o seguinte: “Fiz o melhor que pude e devo ter orgulho disso.”

5

Em busca do aperfeiçoamento

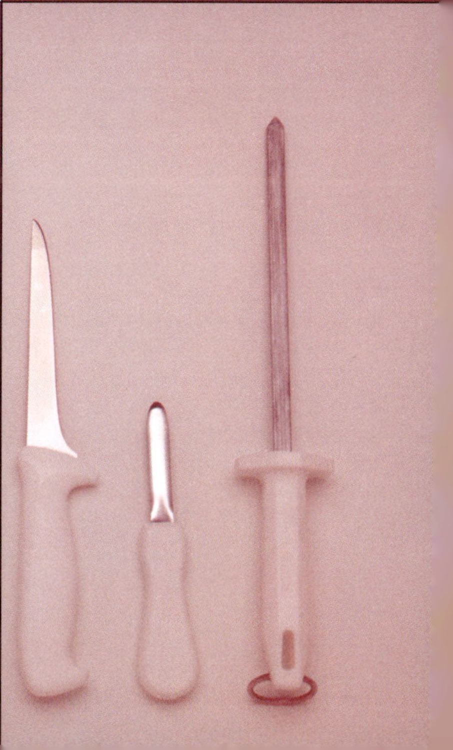

"Tanto na cozinha quanto em qualquer outra área, as evoluções mais significativas sempre acontecerão por meio da educação, pois somente o aprendizado e o aperfeiçoamento são capazes de fazer a diferença."

Chef Alex Barbosa dos Santos,
Santo Doce Confeitaria e Eventos, Joinville/SC

A ORGANIZAÇÃO DE UMA EQUIPE na cozinha é de suma importância para que o empreendimento funcione. Cada membro deve cumprir sua tarefa com rapidez, precisão e asseio, garantindo a execução perfeita do prato e a satisfação do cliente.

Outro ponto importante é sempre observar a hierarquia. Esta varia de acordo com o número de funcionários trabalhando na cozinha (essa relação ficará mais clara nos organogramas, um pouco mais à frente), número este que, por sua vez, é determinado pelo porte do negócio, pela quantidade de refeições servidas por dia (número maior ou menor de clientes) e pelo conceito do restaurante. As tarefas em geral são distribuídas de acordo com o grau de formação, especialização ou experiência do profissional.

Os restaurantes com cardápio mais amplo, mais variado, costumam ter um número maior de setores e, portanto, uma estrutura mais complexa de empregados, em uma quantidade maior dividida entre os setores da cozinha. Atualmente, entretanto, há uma tendência crescente a cozinhas com equipe reduzida, em que cada membro faz um pouco de tudo e cumpre diversas tarefas.

O papel de cada um na equipe

Para não haver dúvida quanto à função que cada um deve desempenhar, segue uma breve descrição da classificação de funcionários que encontramos no ambiente da cozinha.

Chef de cozinha (chef de cuisine)

Responsável, primeiramente, pela elaboração do cardápio, ditando o estilo e conceito que o restaurante vai adotar. Por ser o primeiro na hierarquia, responsabiliza-se diretamente por todos os serviços e empregados do local de trabalho, orientando e acompanhando a preparação dos pratos. Pode dirigir a cozinha não somente de restaurantes, como também de hotéis, clubes, bufês, hospitais e indústrias, entre outros. Suas tarefas também incluem cuidar da ordem e higiene gerais da cozinha.

Subchef de cozinha (sous-chef de cuisine)

Além de substituir o chef em sua ausência (passando a ocupar o posto mais importante na cozinha e comandá-la inteiramente), é seu auxiliar de confiança e o mais executivo da equipe. Colabora na supervisão e orientação do restante dos funcionários.

Garde-manger (cuisinier garde-manger)

O empregado mais diversificado e polivalente. Entre as suas atribuições estão a elaboração de pratos e molhos frios (como saladas, gelatinas, patês e terrines), a montagem de grandes peças de carnes (de boi, porco, frango, peixes), a preparação de marinadas e a limpeza/corte de grandes porções das mais variadas proteínas.

Cozinheiro (cuisinier)

É o profissional que prepara, tempera e cozinha os alimentos sob orientação do chef de cozinha.

Cozinheiro folguista (cuisinier tournant)

Por ser acionado para substituir os cozinheiros dos mais diversos setores em seus dias de folga, esse profissional deve possuir conhecimentos básicos em várias especialidades.

Cozinheiro açougueiro

Responsável pela limpeza e pelo corte de carnes, aves e peixes.

Chef confeiteiro (pâtissier-chef)

Com grau de especialização elevado, profundo conhecimento de técnicas e experiência, é o encarregado da elaboração dos pratos doces e das sobremesas quentes, frias e geladas, muitas vezes chegando mesmo a colaborar na elaboração do cardápio. É o responsável por toda a equipe de cozinheiros confeiteiros e auxiliares do setor.

Confeiteiro (pâtissier)

Encarregado de elaborar e preparar sobremesas, sorvetes, massas cruas e folhadas, bem como outros ingredientes auxiliares da cozinha.

Auxiliar ou ajudante de cozinha

Dá assistência aos cozinheiros no preparo de ingredientes específicos.

Chefe de limpeza (chef steward)

Encarregado da manutenção e higiene gerais da cozinha, responsável também pela lavagem de panelas e louças, mais especificamente. Cuida também do inventário de utensílios de cozinha e serviço.

Steward

Responsável por serviços gerais de apoio.

EQUIPE DE COZINHA DE PEQUENO PORTE

Cozinheiro
↓
Auxiliar de cozinha (2)
↓
Steward

EQUIPE DE COZINHA DE MÉDIO PORTE

Chef de cozinha
↓
Cozinheiro (2)
↓
Auxiliar de cozinha (2)
↓
Steward (2)

EQUIPE DE COZINHA DE GRANDE PORTE

Chef de cozinha
↓
Subchef de cozinha
↓
Auxiliar de cozinha (2)
↓
Garde-manger
↓
Cozinheiro (3)
↓
Cozinheiro folguista
↓
Auxiliar de cozinha (2)
↓
Açougueiro
↓
Chef confeiteiro e auxiliares
↓
Chefe de limpeza

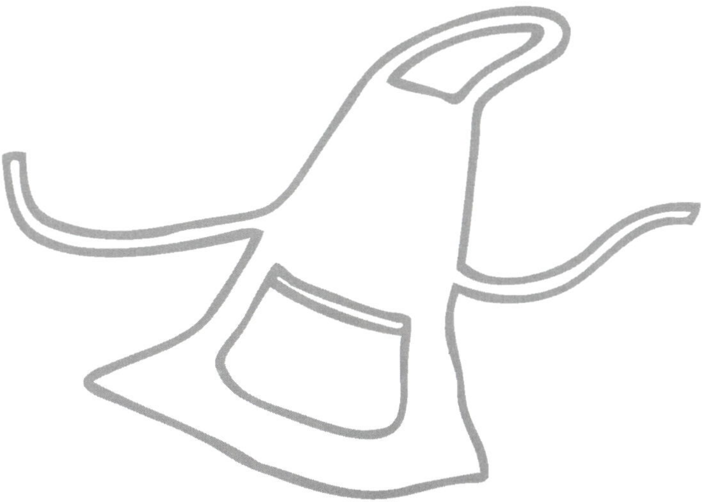

"O mercado de trabalho está cada vez mais competitivo e, por isso, os novos profissionais devem procurar se especializar, e aqueles que atuam na área há algum tempo precisam se reciclar sempre, para ficar a par de novas técnicas, produtos e sabores. Assim, a gastronomia não cairá no trivial e continuará fazendo sucesso aqui e no exterior."

***Chef Junior Costa**, Hotel JP, Ribeirão Preto/SP*

Perspectivas e tendências da profissão

Atualmente, há mais de 130 cursos de gastronomia credenciados pelo Ministério da Educação e Cultura (MEC) no Brasil. A procura por esses cursos aumenta a cada ano. Com ampla divulgação na mídia, inúmeros programas na tevê em que os chefs preparam comida na casa de celebridades ou recebem convidados em sua cozinha, a profissão de cozinheiro ganhou status e interesse não só de quem quer se aperfeiçoar, mas também daqueles que querem saber mais sobre como ter uma alimentação saudável, com prazer e arte.

A seguir, veja algumas perspectivas e tendências da profissão.

Vitrine profissional

Com a descoberta de um novo mercado de atuação, nos últimos anos apareceram processos de divulgação e valorização da imagem do cozinheiro. Houve uma glamourização da imagem do chef, que, pelo lado positivo, valoriza e aumenta a procura pelo exercício da profissão e coloca no mercado profissionais mais qualificados, já que as opções de formação continuam aumentando. O viés negativo vem justamente da falsa realidade criada, por exemplo, por um programa televisivo. Quem entra no ramo em busca desse glamour vai entender na prática que ele não é real, ao menos não sempre e não para todos.

Calor de quase 50 °C, 12 a 14 horas em pé, falta de tempo, pressão, horários antissociais, domingos e feriados. Essa é a verdadeira rotina de uma cozinha profissional. E a formação do verdadeiro chef de cozinha exige que o aspirante passe por todos os degraus da hierarquia. Muitos dos grandes chefs começaram lavando louça. E é esse árduo trajeto que garante uma base sólida de conhecimento e experiência para comandar sua própria brigada. Essa rotina atordoante pode parecer muito dura aos olhos de quem nunca a vivenciou. Mas o cozinheiro de alma não vive sem ela.

As qualificações desejadas no setor vão além do domínio de técnicas e receitas. As brigadas de cozinha são por natureza enxutas. Comprometimento, assiduidade e pontualidade são virtudes imprescindíveis e necessárias na carreira do cozinheiro. Somente reunindo todos esses atributos o aspirante a chef conseguirá crescer e galgar novas posições no mercado de trabalho. Nada substitui a vontade de aprender!

Mundo web

Por ser um instrumento relativamente novo, o mundo da internet ainda não criou parâmetros cem por cento confiáveis de informação. Apesar de não terem sido previamente testadas, muitas receitas e técnicas são divulgadas em *sites* que visam apenas a uma grande quantidade de acessos, e não necessariamente à qualidade de conteúdo. Apesar de ser uma fonte inesgotável de informação, é preciso ter critério para filtrar seu conteúdo e utilizá-lo de maneira correta.

Praticamente toda teoria sobre técnicas, ingredientes e processos pode ser encontrada na internet. Diferentes maneiras e experiências são relatadas e muita informação é trocada em fóruns dos mais diversos assuntos relacionados a gastronomia.

Concursos profissionais

Como forma de desenvolvimento pessoal e profissional, os concursos de gastronomia podem representar crescimento e projeção. Para que se obtenham resultados positivos, são necessárias várias qualidades, como controle emocional, conhecimento pleno das técnicas de cozinha, criatividade e grande disciplina na busca pela perfeição. Por conseguinte, só terão de fato êxito os candidatos muito bem preparados e treinados. Os resultados não são frutos do acaso. A repetição quase exaustiva de um programa voltado para concursos é inevitável. Não se classifica quem faz o melhor prato, mas quem erra menos. Os processos seletivos para concursos no Brasil são ainda muito primitivos e quase sempre pouco divulgados.

Referências

BEZERRA, L. P.; SILVA, G. C.; PINHEIRO, A. N. *Alimentos seguros*. Rio de Janeiro: Senac Nacional, 2010.

CANETE, P. *Técnico em gastronomia*. Rio de Janeiro: Escola de Nutrição da UNI-RIO, [200-]. Apostila.

CHAVES, G.; FREIXA, D. *Gastronomia no Brasil e no mundo*. São Paulo: Senac Nacional, 2009.

COURTINE, R. J. *Larousse gastronomique*. Paris: Paris VI, Librairie Larousse, 1984.

ESCOFFIER, A. *Le guide culinaire*. Evreux: Flammarion, 1921.

GOMENSORO, M. L. *Pequeno dicionário de gastronomia*. Rio de Janeiro: Objetiva, 1999.

GRINGOIRE, T. H.; SAULNIER, L. *Le répertoire de la cuisine*. Evreux: Flammarion, 1986.

LEGLAND, J. P. ; DUGABELLE, O. *Décors et présentations*. Paris: B.P.I., 1990.

SANCHEZ-OCAÑA, Ramón. *Nutrição de A a Z*. São Paulo: Ed. Senac São Paulo, 2009.

SEBESS, M. *Técnicas de cozinha profissional*. Rio de Janeiro: Senac Nacional, 2009.

TEICHMANN, I. *Tecnologia culinária*. Caxias do Sul: EDUCS, 2000.

UNE RÉUNION de professionels: la cuisine moderne. Paris: Paris VII, Librairie Aristide Quillet, 1931.

WANDELLI, A. M. M. M. *Guia prático para elaboração de cardápios*. Rio de Janeiro: Wandelli's Office, 2008.

WERLE, L.; COX, J. *Ingredientes*. Colônia: Könemann, 2000.